親が知らない子どものスマホ

イマドキ中高生驚きのSNS&ネット事情

スマホ安全アドバイザー
鈴木朋子

日経BP

はじめに

私が初めてスマホを持ったのは約10年前。新しいテクノロジーが好きな、ほんの一部の人たちが使っているガジェットでした。ところが今では、すっかり日常に欠かせない道具となり、子どもからシニアまで男女問わず使っています。

スマホは便利です。電話としての役割はもちろんですが、インターネットにいつでもつながる機器であることが最大のメリットでしょう。ＳＮＳ（ソーシャル・ネットワーキング・サービス）やメッセージサービスで友人と連絡を取り合ったり、地図や交通情報などさまざまな情報が簡単に入手できたりします。

この本を手にしている大人の方の中には、スマホがあまりに豊富な機能を持ったため、少し持て余している方がいるかもしれません。「電話しか使っていない」「ＬＩＮＥとカメラ以外はよく分からない」といった声もよく聞きます。必要なことさえできれば、それ以上知る必要もありませんよね。

でも、親になると、そうのんびりもしていられません。生まれたときからスマホやタブレット、パソコンなどのインターネットに接続する機器に囲まれて育った「デジタルネイティブ」の子どもたちは、親とは違う価値観で育っています。彼らは学校に入学する前にＳＮＳを通して友達を作ります。そして、友達と居場所をアプリで共有し、誰がどこにいるかを24時間把握しています。分からないことはＹｏｕＴｕｂｅで検索すれば、勉強からゲーム攻略まで動画で丁寧に教えてもらえるし、マンガや音楽もアプリですぐ手に入ります。親世代とは全く異なる環境で育っているのです。

私には２人の娘がいます。私は元システムエンジニアで、ＩＴ系の記事を20年ほど前から書いていることもあり、周囲より早くスマホを手にしました。常に数台の最新スマホが家庭にあるため、子どもたちが興味を持たないはずはありません。すでに小学生でしたが、動画を見せたり、アプリで遊ばせたりしました。でも、果たして教育や健康の面でそれは正しいことなのか、迷いもありました。

長女が中学生になったとき、ガラケーを持たせました。すると彼女は、キャリアメールでひと言メッセージを友達と真夜中まで延々と送り合うようになりました。ＬＩＮＥが普及した今では想像できるかと思いますが、当時メールといえば短くても数行、それも用件があるときに送るものだったので、その利用法は想定していませんでした。恐らく、私たちの親世代が子どもの長電話に違和感を抱いていた感覚なのだと気づいたとき、時代が変わり道具が変わっても、子どもが楽しみたいことは同じなんだと分かったのです。

でも、親世代にはイマドキの道具や利用法が分かりません。一体子どもたちがスマホで何をしているのか、よほどＩＴに興味がある人でなければ知らないでしょう。そして、詳しいはずの私ですら、デジタルネイティブの予想外な行動に日々驚きや感動を覚えています。そこで、私のようなスマホに詳しく、しかも母親でもある人間が、子どもたちの現状を大人に伝えるべきではないかと考え、本書をまとめることにしました。

パート1では、スマホという機器について。小学生の親なら必ず誰でも悩む子どものスマホデビューにも触れています。パート2では、主に女子中高生に人気のあるSNSについて説明しています。パート3は私たちの頃とは違うSNSを通じたコミュニケーション方法を解説しています。そしてパート4では、親が最も不安を感じる、スマホやSNSの暗部にも触れています。パート5はスマホとお金について。こちらも親としては心配が尽きない話だと思います。さらに、パート6ではスマホ世代の実像を理解するのに役立つ各種のデータや資料をご紹介しています。

この一冊を読めば、最新のスマホ事情、そして親として注意すべき点を把握することができます。家庭によってスマホに対する考え方や教育方針は異なるものですが、まずは現状を知ることが大切です。本書がその一助になれば幸いです。

目次／親が知らない子どものスマホ　イマドキ中高生 驚きのＳＮＳ＆ネット事情

はじめに　1

パート1
大人たちとはひと味違う イマドキ10代のＩＴ＆スマホ事情　9

01 彼女たちが「スマホファースト」なワケ　10
02 スマホデビューの実際とその理由　14
03 中高生のスマホはＡｎｄｒｏｉｄかｉＯＳか　18
04 ＪＫはｉＰｈｏｎｅ大好き。その理由は？　22
05 ギガが減る～若者のデータ通信量事情　26
コラム1 なぜスクショ？　スマホネイティブ世代がコピペしない理由　30

パート2
複数のＳＮＳを自在に使い分ける 驚きのネット処世術　39

01 Ｆａｃｅｂｏｏｋを避ける若者の心理　40

02 人気急上昇「Ｉｎｓｔａｇｒａｍ」のイマ 44
03 〝すぐに消える動画〟が若者に大人気 48
04 ＴｉｋＴｏｋ大流行！ その魅力とは 52
05 ＴｉｋＴｏｋは高いＡＩ技術で若い世代をキャッチ 56
コラム２ おじさんが知らない、ＬＩＮＥやＦａｃｅｂｏｏｋにはないＴｗｉｔｔｅｒの魅力とは？ 60

パート３

喜びも悲しみもＳＮＳでシェア スマホ世代のコミュニケーション 67
01 入学前にＳＮＳでつながる中高生 68
02 Ｔｗｉｔｔｅｒで出会う中高生たち 72
03 心の内はＬＩＮＥの「ステメ」に書く 76
04 学校行事はＳＮＳとプリクラに記録 80
05 「勉強垢」で励まし合いながら学習する 84
06 アカウントとパスワードを共有する若者 88
コラム３ はかないＳＮＳが若者心理にマッチ 92

パート4
便利さと危うさは隣り合わせ SNS&ネットに潜む思わぬリスク 103
01 「自画撮り被害」に潜むネットの闇 108
02 Instagramが新たないじめの温床に? 112
03 スマホルールは家庭に合わせて 116
04 〝エアドロ痴漢〟にご用心! 120
05 フィルタリングで防げないもの 124
コラム4 予想外のトラブルを回避、LINEデビューした子どもを持つ親がすべきこと 128
パート5
意外にしっかり? 大人も顔負けな中高生のおサイフ事情 141
01 メルカリが若者に人気なワケ 142
02 スマホでポイントやクーポンをゲットする 146
03 10代のキャッシュレス事情 150
04 有料コンテンツ購入やアプリ課金はしてる? 154

05 マンガアプリで試し読みする10代 158
06 スマホにまつわる出費は親任せ 162
07 LINE Payから見る20代のキャッシュレス化 166
コラム5 夏休みに増える子どもだけの外出、居場所をスマホで知る方法は？ 170

パート6
［資料編］データを基に子どもたちの〝今〟を理解する 179

10代のスマホライフを理解するための用語 180
学校生活〝要注意〟イベントカレンダー 190
スマホ世代を知るためのビジュアルデータ10 192
万一の備えに役立つ相談窓口 ＆ 情報収集サイト 202
コラム6 位置情報全見せアプリ「Zenly」が急成長 若者が夢中になる理由とは？ 206
おわりに 212

Part 1

大人たちとはひと味違うイマドキ10代のIT&スマホ事情

生まれたときからインターネットがあり、デジタル機器に囲まれてきた今の10代。
当然ながら親の世代とは、常識も価値観も大違い。
まずは彼ら・彼女らを取り巻くITやスマホの実態を知るところから始めよう。

01

彼女たちが「スマホファースト」なワケ

スティーブ・ジョブズ（前アップルCEO）が米国で初代iPhoneを発表してから、早10年以上がたちました。今の10代は幼い頃からスマートフォン（スマホ）やタブレットが身近にあり、いつでもインターネットを利用できる環境で育っています。パソコンがインターネットにつながったときの驚きと感動を覚えている大人は多いと思いますが、**若い世代にとってネットは日常**なのです。

では、世代によって利用機器に違いはあるのでしょうか。総務省が発表した「平成30年版情報通信白書」の「インターネット利用機器の状況」によると、スマートフォンよりパソコンの利用率が高いのは50代以上の年代で、それ以下の年代はスマートフォンをメインに利用しています。パソコンの利用率を年代別に注目してみても、13〜19歳までが62％、40〜49歳が73％と、若い年代が少し低いものの、それほど乖離（かいり）しているわけではありません。若年層のスマートフォン保有率は高いとはいえ、スマートフォンとパソコンの利用状況に関しては世代にそれほど差はないようです。

〝パソコンって何をするもの？〟実感がわかない若者たち

このように、データを見る限りは若者だけがパソコンから離れているとはいえませんが、私が取材で会う女子高生たちは「パソコンが何をするものか分からない」と話します。

友人や家族との連絡はＬＩＮＥ、画像加工はアプリ、調べ物はＴｗｉｔｔｅｒやＩｎｓｔａｇｒａｍなどのＳＮＳを検索、と**中高生の日常はスマホで完結**しています。**パソコンが必要な機会がない**のです。

前述の女子高生の一人は「ＤＶＤを見るときパソコンを使う」と言っていましたが、ＤＶＤプレーヤーがあればよいとの意見が出て、やはりパソコンの必要性はないという結論に至りました。さらに女子高生たちは、スマホ世代の自分たちが大人になれば、全てスマホで行えるような社会をつくるであろうから、パソコンは消滅すると考えています。

彼女たちが口々に言うのは、「(画面上で指を素早く動かしたり、弾いたりする) **フリック入力でパソコンを使いたい**」という要望です。大学生以降は大学のレポート作りにパソコンが必要になること、さらに社会人になればワープロや表計算といったオフィスソフトを使いこなさなければならないことは理解しています。ただ、キーボードのキー配列になじみがなく、片手でも操作できるフリックの方が素早く入力できるため、キーボードにストレスを感じるのです。

ある女子高生はｉＰｈｏｎｅで文章を作成してから、パソコンに送信してワープロソフトのＷｏｒｄに貼り付けていました。二度手間に感じますが、彼女にとってはその方が簡単なのです。また、スマホの日本語入力アプリは推測変換をタップするだけで書き進められる点もよいと話していました。

必ずしもパソコンになじまなければならないことはありませんが、**複雑な文書の作成や動画編集を行うとなれば、スマホよりパソコン**です。用途に合わせてデバイスを使い分ける技能も学ぶべきでしょう。音声入力も使われ始めた昨今、10代のキーボードアレルギーを克服することがIT教育の課題かもしれません。

まとめ

イマドキの女子高生は、片手で素早く操作できるフリック入力がお気に入り。パソコンのキーボードにはストレスを感じてしまう場合も！

02

スマホデビューの実際とその理由

子どもにいつからスマホを持たせるべきなのか――今、子育て中の親が最も頭を悩ませている問題です。親世代にはなかったスマホやケータイ、そしてインターネットへデビューさせる最適な時期は、家庭環境や生活スタイルによって異なるため、回答を1つに絞ることはできません。とはいえ、実際には何歳からどのように持たせている家庭が多いのか、誰もが気になるところです。

内閣府が2019年3月に発表した「平成30年度青少年のインターネット利用環境実態調査」によると、子ども専用のスマートフォンを持っている人は、10歳以上の小学生が35・9%、中学生が78・0%、高校生が99・4%でした。**中学生になると約8割がスマホを持ち始め、高校生ではほぼ全員がスマホユーザー**ということです。

中学生になると部活が始まり、塾や習い事で帰宅の時間が遅くなります。親との連絡に携帯電話があると安心だからと、中学入学のお祝いにスマホを購入する家庭が多いようです。しかし、いきなりスマホを与えることに抵抗を感じる保護者もいます。GMOメディアが2017年6月に発表した「10代女子のスマホ事情に関する調査」は、女子のみを対象にした調査ではありますが、「初めて持った携帯電話の種類」として、スマホが48・1%、ガラケーが28・0%、キッズケータイが21・7%と、約半数がいきなりスマホを持つことが明らかになっています。家族で同じキャリアにすると利用料が割引されるなど、積極的に販売されるスマホに比べ、種類も少ないガラケーはもはや買いづらいこと、キッズケータイは小学校低学年向けが多いことなどもスマホが選ばれる理由の一つでしょう。

LINEをやりたいからスマホが欲しい

さらに、スマホが初めての携帯電話になる大きな理由があります。「LINEを使いたいからスマホが欲しい」という子どもたちが多くいるからです。幼い頃から親のスマホやタブレットを借りてYouTubeを視聴したり、ゲームアプリで遊んでいたりしている子どもたちですが、**LINEは1つの端末につき1つのアカウント**となるため、親と端末を共有するわけにはいきません。

ある女子高生は、小学生のときに通信教育の学習用タブレットを使って、親に内緒でLINEのアカウントを取得していました。その手順は簡単ではありません。まず、アプリをインストールするのに必要なパスワードを親から聞き出す必要があります。その女子高生は親が保管していたメモからパスワードを知ったそうです。パスワードが判明したら、まずはFacebookのアカウントを取得し、そのアカウントを連携させることでLINEアカウントを作成します。**LINEはアカウント取得に電話番号が必要**なのですが、**Facebookのアカウントがあれば**

電話番号がなくてもLINEアカウントが作れるのです。

普通の小学生が通信教育専用にカスタマイズされたタブレットにアプリをインストールし、SNSのアカウントを2つも取得するというIT知識の高さにも驚きますが、そこまでしてLINEをしたいと思う情熱も、大人には計り知れません。**スマホによるコミュニケーションの重要度が、大人世代とは大きく異なる**ことを頭に入れておかなければなりません。

まとめ

中学生の約8割、高校生ではほぼ全員がスマホユーザーになる。スマホを持つ大きな理由が、「LINEを使いたいから」。

03 中高生のスマホはAndroidかiOSか

皆さんがスマホを買うとき、その機種に決めた理由は何でしたか？　カメラ性能、スペック、デザイン、あるいはキャンペーン価格など、それぞれの決め手があったかと思います。とはいえ、まず初めに考えるのは「Android（アンドロイド）」にするか、「iOS（iPhone）」にするかでしょう。

実は、**日本は諸外国に比べてiPhoneの人気が突出して高い国**です。アウンコンサルティングが2019年4月に発表した「世界40カ国、主要OS・機種シェア状況」によると、国内のiOS比率は77・86％、Androidは21・79％と、圧倒的にiOSユーザーが多く、本調査の対象国である40カ国の中ではiOS比率が最も高いという結果が出ています。参考までに他の国の例も挙げておきましょう。中国はiOSが26・18％、Androidが72・15％、米国はiOSが57・33％、Andro ｉｄが42・29％、ドイツはｉＯＳが29・86％、Ａｎｄｒｏｉｄが69・12％だそうです。全体的にＡｎｄｒｏｉｄが優勢ですが、ｉＯＳとＡｎｄｒｏｉｄ以外のＯＳがランクインしている国もあります。

中学生にＡｎｄｒｏｉｄが多いワケ

それでは、中高生の持つスマホはどちらが多いのでしょうか。ＭＭＤ研究所が２０１８年４月に発表した「この春に入学した中高生のスマートフォン利用実態調査」によると、中学１年生の61・６％がＡｎｄｒｏｉｄ、38・４％がｉＯＳを利用し、高校１年生の37・６％がＡｎｄｒｏｉｄ、62・４％がｉＯＳを利用しています。つまり、中学生はＡｎｄｒｏｉｄの利用者が多く、高校生になると大人を含めた比率と同様に、ｉＯＳの利用者が増えるのです。

中学生がＡｎｄｒｏｉｄを持つ理由はさまざまですが、**手ごろな価格の端末が豊富**なことが挙げられるでしょう。子どもはスマホの画面をよく割ってしまうので、携帯

ショップの店頭で一括サポートを受けられる方が楽だろうという親の思惑もありそうです。

さらに今後は、18歳未満の人がスマホや携帯電話を持つ際にフィルタリングの導入を条件とする法律が施行されたことがAndroidの増加を加速させるかもしれません。

フィルタリングの面から見ると、NTTドコモ、au、ソフトバンクが無料で提供しているフィルタリングサービス「あんしんフィルター」で一括管理できるAndroidに魅力を感じる保護者が多い可能性があるからです。Androidは iOSと異なり、端末を制御する仕組みをオープンにしているOSなので、フィルタリングサービスだけで管理できるのです。

もっとも、iOSでも「ファミリー共有」や「スクリーンタイム」というアップルが提供しているフィルタリングサービスが利用できます。Androidも「ファミリーリンク」というグーグル製のアプリがあり、これらの機能で子どもの安全を確保することもできます。

保護者に人気のAndroidですが、「Androidはかっこ悪い」とiPhoneに機種変更したがる中高生が多いのも事実です。筆者は「彼氏がAndroidだったら機種変更させる」と言い放つ女子高生にも会ったことがあります。

次項では、なぜ中高生にiPhoneが人気なのかを解説したいと思います。

まとめ

中学生まではAndroidスマホの利用が多いが、高校生になるとiPhoneが増える傾向に。

04 JKはiPhone大好き。その理由は？

前項では日本でiPhoneの人気が高いこと、そして中学生はAndroidスマホの保有率が高く、高校生になるとiPhoneへと移行していくお話をしました。ここでは、高校生の中でも特に女子の間でiPhoneの人気が高いことについてご説明します。

「彼氏がAndroidだったら機種変更させる」――こう言ったのは、以前取材した女子高生です。もちろん冗談交じりではありますが、女子高生が抱いているAndroidスマホへの印象は「安い」「オタクっぽい」などが多いようです。一方の、iPhoneに対しては、「リンゴマークがいい。鏡に向かって自撮りするときはリンゴが入るように撮る」「アップルのパソコンを使っている先生はイケてる」など、アップルブランドへの好感を強く持っています。

ここで、調査データを見てみましょう。MMD研究所が2018年9月に発表した「2018年9月　中高生のスマートフォンシェア調査」によると、女子高生の84・9%がiPhoneで、13・8%がAndroidを利用しています。男子高校生では67・2%がiPhone、31・4%がAndroidですから、女子のiPhone保有率が高いことがうかがえます。筆者の体感では、女子高生のiPhone利用率はもっと高い印象です。ある女子高生は「ずっとiPhoneに変えたいと親に頼んでいて、修学旅行をきっかけに買い替えてもらえることになった」と言っていたので、学年が上がるにつれてiPhone利用率も上がるのかもしれません。

iPhone同士、「エアドロ」で写真を送り合う

女子高生がiPhoneを選ぶ理由は、ブランド志向ということだけではありません。もう一つ重要なポイントがあります。彼女たちは遊びに出かけると、お互いに撮り合ったり、一緒に自撮りしたりして、SNSにアップするために何十枚もの写真を

撮影します。帰り際にはその写真をお互いに渡すことになりますが、そのとき彼女たちは「ＡｉｒＤｒｏｐ（エアドロップ）」というｉＰｈｏｎｅの機能を使うのです。

　ＡｉｒＤｒｏｐはアップルのデバイス同士なら写真や動画をワイヤレスで送り合える機能です。女子高生たちはＡｉｒＤｒｏｐを「エアドロ」と呼び、画質を落とすことなく簡単に送受信できることから愛用しています。しかし、**ＡｎｄｒｏｉｄはＡｉｒＤｒｏｐが使えない**ため、Ａｎｄｒｏｉｄスマホの友人には別途ＬＩＮＥで送ることになり、Ａｎｄｒｏｉｄの人は肩身が狭い思いをするわけです。さらに、彼女たちは常にキャリアが設定しているデータ通信量を制限ぎりぎりまで使っているので、**写真の受け渡しにモバイルデータ通信を使いたくない**という理由もあります。端末同士がＢ

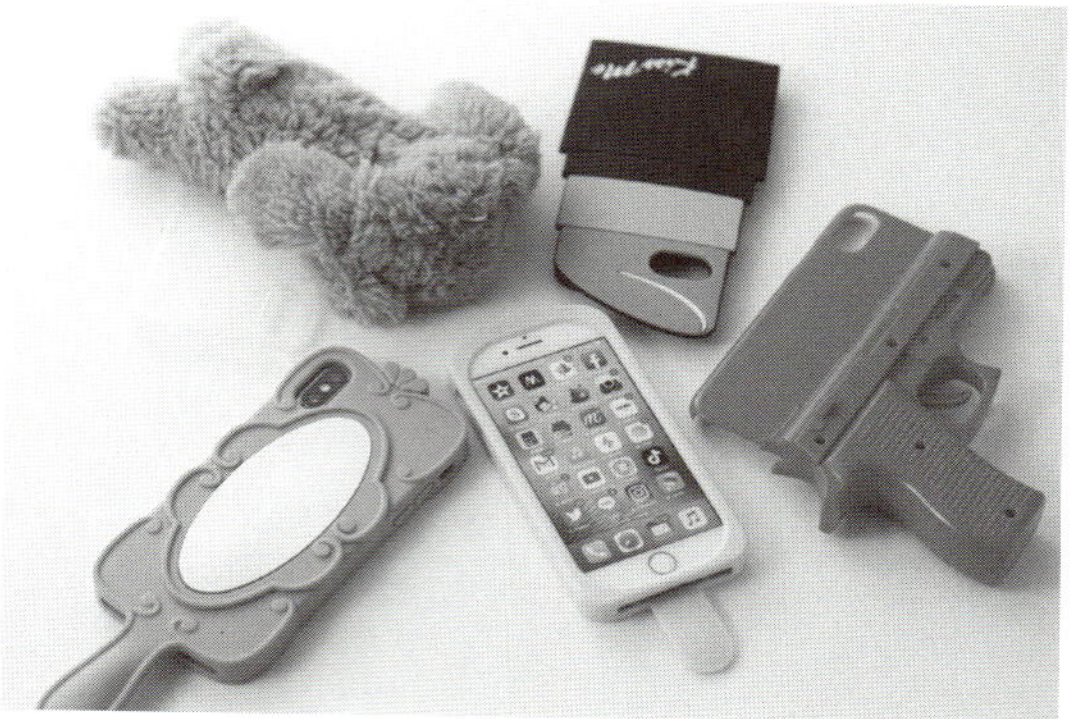

luetoothとWi-Fiで直接やり取りするAirDropなら、何十枚送り合っても安心なのです。

まさに、デジタルネイティブといった理由でiPhoneを選ぶ彼女たちですが、かわいいスマホケースが豊富に売っていることも評価の高さにつながっています。彼女たちが普段よく行く雑貨屋さんにはiPhone用ケースはたくさん売られていますが、**Android用ケースはスマホメーカーによって本体の形状が違う**ため、お気に入りのデザインが入手しづらくなります。友人とおそろいのケースを使う、またはは人気のキャラクターやブランドのケースにしたいとき、やはりiPhoneがいいという選択になるのでしょう。

まとめ

iPhoneならではの機能を評価しつつ、「かわいいスマホケースが豊富に売られている」という身近な理由も評価が高い要因に。

05

ギガが減る

～若者のデータ通信量事情

「動画見過ぎてギガが足りない」「Ｗｉ－Ｆｉ飛んでないからギガが減る」などといった言い回しが若者を中心に使われています。ＩＴ知識の高い方ならお気付きかと思いますが、「ギガ」とはデータの大きさを表す単位「ＧＢ（ギガバイト）」のことを指します。単位に対して「減る」といった言葉を使うことはおかしいのですが、若者は「ギガ」を「データ通信量」の意味で使っているのです。

なぜデータ通信量を「ギガ」と呼ぶようになったかには諸説ありますが、携帯キャリアが「ギガ」という言葉が入った契約プランを打ち出しているからだと思われます。そして実は若者だけではなく、大人にも「ギガが減る」という言い方をする人たちがいます。最初にインターネットに触れるきっかけがスマホだった層に多いように感じます。**契約しているプランのデータ通信量を超えると速度制限がかかり、月が変わる**

まで低速になります。データ通信量を意識せざるを得ないわけですね。

そして、「ギガ」という言葉には別の使われ方もあります。「私のiPhone、ギガが128だから……」という、ストレージ容量を指す言い方です。「GB」はストレージ容量の単位にも使われているため、データ通信量とストレージ容量のどちらも「ギガ」と呼ぶのです。そのせいで、別のものであることが分からず、混乱している人も多く見られます。「ギガいくつなの?」「7ギガだよ」「そうじゃなくてスマホの話」「えっ?」といった具合です。

データ通信量は増加傾向

では、当の若者たちは「ギガ」が足りているのでしょうか。MM総研が2018年10月に公表した「携帯電話の月額利用料金とサービス利用実態」によると、**スマホの月間の平均データ通信量は5・7GB(中央値は3GB)**とのこと。これは**2年前の調査より増加傾向にある**そうです。年齢層が明らかになっていない調査なので若者か

どうかは分かりませんが、**10代の若者の場合**、YouTubeやAbemaTVなどの動画サービス、TikTokやInstagramストーリーズなどの**動画SNSをよく利用している**ことを考えると、この数字よりは高くなることが予想できます。

ある女子大生は、通学の電車内でInstagramをチェックし、見逃したドラマを「TVer※（ティーバー）」で見るのが日課だと言っていました。そのおかげで月のデータ通信量が標準的な契約容量の7GBでは全く足りていないとのこと。動画はデータ通信量を多く使うことを話すと、知らなかったと驚いていました。「これからはできるだけ公共のWi-Fiを使うようにするけど、Wi-Fiは遅い」とも漏らしていました。**Wi-Fiは利用者が多いと通信速度が低くなってしまう**ため、移動中の電車内では厳しいのかもしれません。ちなみにソフトバンクが出しているデータ通信量の目安によると、データ通信量1GBでネット動画が約4・5時間分とのこと。1時間のテレビドラマを往復で1本ずつ見ていたら、とても月7GBでは足りませんね。

近年の動画ブームを受け、携帯会社各社はデータ大容量プランやデータ無制限プランを展開しています。もちろん、ほかのプランより料金は高めに設定されているため、家族割引や固定通信契約などと併用した方がよいでしょう。学生の間は親が月額料金を負担していることが多いため、携帯料金のやりくりに苦労しているご家庭も多そうです。

※在京民放キー局5局が共同で立ち上げ、2015年10月26日よりスタートしたテレビ番組の追っかけ配信サービス、およびアプリのこと。2019年8月26日からNHKの一部番組も視聴可能に。

まとめ

若者たちがスマホで消費するデータ通信量は年々増加傾向に。動画の利用が増えていることを考えると、この数字はさらに高くなる見込み。

Column1

なぜスクショ？スマホネイティブ世代がコピペしない理由

「スクショ」という言葉をご存じだろうか。スクリーンショットの略で、スマートフォンなどの画面を画像として保存することだ。言葉自体は以前からあるが、イマドキの若者のネット文化を読み解く上で、大事なキーワードになっている。

2018年12月にTwitterのあるつぶやきが話題になった。それは、「友人や妹がサイトの情報を送ってくるとき、スクショで送ってくる。若い人たちはURLの概念を知らないのではないか？」といった内容だ。

中でも10代の若者はスクショを多用する。Twitterを使っていると、Webページの画面がそのまま貼り付けられたツイートを見かけることがある。Webページを紹介するとき、URLをツイートするのではなく、スクショを貼り付ける。

▶URL
Uniform Resource Locatorの略で、「ユーアールエム」と読む。インターネット上の情報がある場所と取得方法を指定する記述方式のこと。

▶Web ブラウザー
インターネット上の Web ページを閲覧（ブラウズ）するためのソフト。単にブラウザーとも呼ぶ。iPhone には「Safari」、Android には「Chrome」が、それぞれ標準搭載されている。

これはTwitterだけの現象ではない。若い世代とLINEでメッセージを交わしていると、同じようにWebページのスクショを送ってくる人が多い。筆者の身近なところにもいた。

筆者には2人の娘がいる。そのため、スクショとよく遭遇する。中学生である下の娘は、部活で必要な用具を買ってほしいと母である筆者に頼むとき、LINEにネット店舗のページのスクショを貼り付けて送ってくる。いちいちネット店舗を探して検索するのは面倒なので商品ページのURLを送ってほしいと思うのだが、彼女にとってはURLではなくスクショで送る方が自然なのだ。

LINE などで情報をやり取りする際にも、当然のように「スクショ」を送り合う

URLを知らないわけではない。「URLを知っているか?」と聞いてみたところ、「知ってるよ。スマホ画面の上の方に出ているものでしょ」と、**Webブラウザー**のアドレス欄を指さした。また、「YouTubeの動画はLINEで友達に送る

▶**ドメイン名**
インターネット上に存在するシステムに割り当てられる名前のこと。URLやメールアドレスなどに使われる。例えば「nikkeibp.co.jp」というドメイン名は、Webサーバー名「www.nikkeibp.co.jp」やメールアドレス「npc@nikkeibp.co.jp」に使われる。

よ、ボタンで」とも話していた。面白いＹｏｕＴｕｂｅ動画があったら、アプリの「シェア」ボタンで共有するそうだ。そのとき、動画のＵＲＬが表示されていることも知っていた。

ドメイン名といった知識はなかったが、ＵＲＬがインターネット上の住所のようなものであることは分かっている。それでもＵＲＬをコピー＆ペースト（コピペ）して誰かに送ったことはないという。

文字列をコピペする機会がない

なぜＵＲＬのコピペをしないのか。スマホのＷｅｂブラウザーでＵＲＬをコピーし、ＬＩＮＥのトークへ貼り付ける手順を娘に見せたところ、「面倒臭い」のひと言が返ってきた。それでもコピペ操作を教えてみると、ある事実に気付いた。彼女は文字列を選択し、コピーしてペーストするという操作に慣れていない。スマホの使い過ぎと親である筆者に叱られるほど、彼女はスマホのヘビーユーザー。なのに、文字列をコピペする機会がほとんどないようだ。

背景には、若い世代はＷｅｂブラウザーをあまり使わないという実態がある。

テスティーは２０１８年11月に「【スクショ解析】スクリーンタイムに関する調査（https://lab.testee.co/screen-time）」を公表した。この調査はスマホアプリの利用時間が分かる「スクリーンタイム」というｉＰｈｏｎｅの機能を利用し、全年代の男女６８６人にスクリーンタイムのスクショを送付してもらう形で実施した。利用時間の上位３つに入るアプリを集計し、名前が出たアプリを年代別にランキングにしたのが下の表だ。

20代と30代以上の人は、Ｗｅｂブラウザー（Ｓａｆａｒｉ）が２位に大差を付けて断トツだった。20代と30代以上の大多数の人にとって、Ｗｅｂブラウザーは利用時間の上位３つに入るほど、使用頻度が高いスマホアプリである。これに対し、10代の上位はＹｏｕＴｕｂｅ、ＬＩＮＥ、Ｉｎｓｔａｇｒ

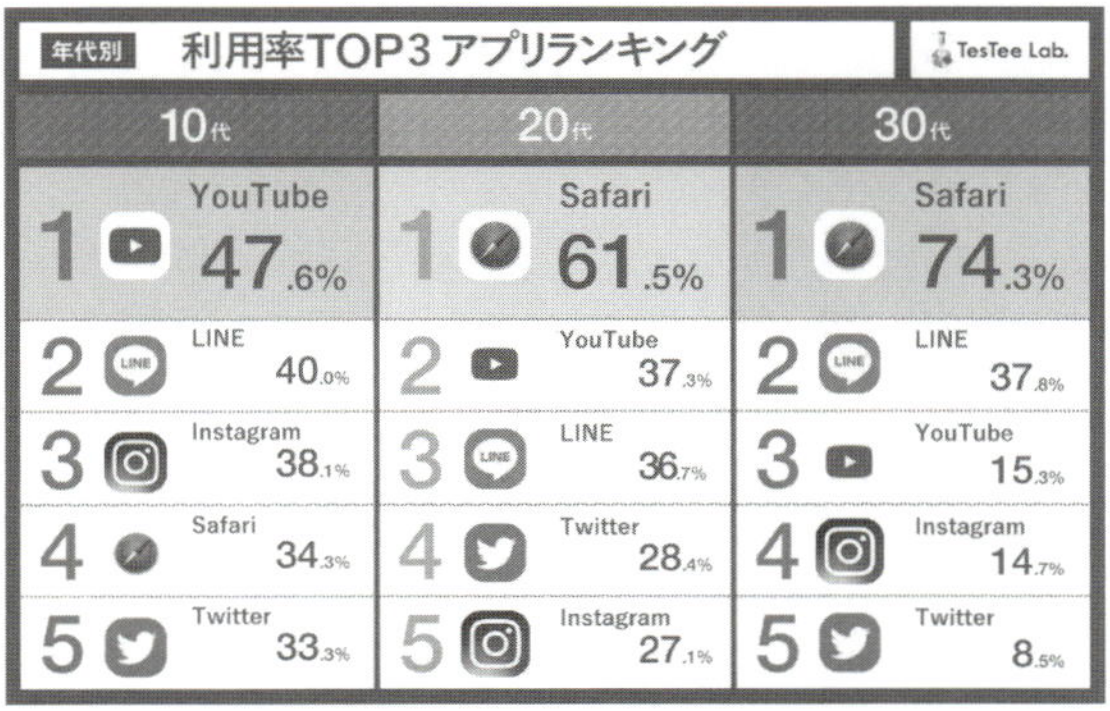

年代別に、利用時間の上位３つに入るアプリを集計したランキング
出所：テスティー：https://www.testee.co

amが占める。Safariは4位。利用時間の上位に入るほど、Webブラウザーを頻繁に使う10代の若者は3割強しかいない。10代の人はファッションやコスメの情報はInstagram、好きなアーティストやゲームの情報はTwitterで検索するといった使い方をしているようだ。

動画アプリやSNSアプリはコンテンツをワンタップでシェアできるボタンを用意している。だからURLや投稿内容をわざわざコピペする機会がほとんどない。

シェアボタンが付いていない場合も、スクショを使う方が手軽だ。iPhoneであれば、2つのボタンを同時に押すだけでスクショが撮れて、スマホの写真アプリに自動的に保存される。何度も画面をタップしたり**ドラッグ**したりする必要がなく、コピペするよりもずっと手軽だ。しかも、いつでもすぐに参照できる。たくさん撮影しても日付順に整理されるため、後から探すのも難しくない。若い世代にとって、スマホで見つけた情報はスクショで保存するのが自然なのである。

コピペよりもスクショの方が楽というのは、パソコン世代である筆者にとってはちょっとした異文化体験だった。Windowsのパソコンでスクショを撮る

▶ドラッグ
画面上のアイコンなどを選択状態にし、それをずらすように操作すること。ドラッグ（drag）は「引きずる」の意味。文書中の範囲指定などに利用する。

のは「プリントスクリーンキーを押してクリップボードにコピーし、画像ソフトで作成した新規ファイルに貼り付けて……」とそれなりの知識が必要だ。パソコン世代が「画面キャプチャー」や「スクリーンキャプチャー」と呼んでいた機能はスクショに変わり、若い世代が簡単かつ手軽に、そして1日に何度も利用する機能になった。

「ギガが足りない」友人への思いやり

もう一つ、若い世代がURLのコピペをしたがらない切実な事情がある。筆者の上の娘は大学生。彼女はURLを知っているし、コピーして友人にシェアする方法も理解していた。それでも原則として、URLでのシェアはしないようにしているとのことだった。

なぜかというと「ギガが足りない」からだ。某携帯電話会社のコマーシャルで有名になったが、若い世代は1カ月のデータ通信量の残りのことを「ギガ」と呼ぶ。ギガとは「GB（ギガバイト）」のこと。つまり、データ量の単位なのだが、若者の間ではいつの間にか「ギガが減る」「ギガが足りない」といった具合に、データ通信量の残りを指す言葉になっている。

スマホのヘビーユーザーである若い世代の多くは、月末が近づくと料金プランで決められたギガを使い果たし、通信制限に引っかかって低速な通信を余儀なくされる。大学生の娘は「通信制限がかかった状態だと、URLをタップしてリンク先を読み込むのは遅くて耐えられない。SNSに貼り付けた画像なら、我慢できる程度の速さで見られる」と言っていた。

友人の中にギガを使い果たしている人がいると、URLのコピペではその人だけ情報をシェアしにくくなってしまう。逆に自分がギガ不足の立場になる可能性もある。そこでお互いに、画像でやり取りすることになっている。

若者は情報を素早く確実にシェアしたがる

スクショは素早く確実に情報をシェアできる手段であることも見逃せない。例えば、リンク先（URL）はタップ（クリック）されない可能性がある。だが「画像なら絶対に見る」と信じられているようだ。みんな経験していることだと思うが、URLでシェアされた記事は、時間があるときに読もうと思いつつも、多くは見ないまま忘れ去られる。相手に「絶対に見てほしい」、しかも「今すぐ見てほしい」ときは、スクショで送るのが有効である。そのことに若者は気付いている。

スクショであれば、自分が伝えたい箇所だけ切り取って送ることも可能だ。特にある記事の特定箇所に注目してほしいときは、URLでのシェアだと「見出しの3つ目を読んで」などと、記事の場所をわざわざ指定しなければならない。しかしスクショなら、該当箇所だけ切り出して画面を送ればいいので、非常に便利だ。理にかなっている。

そこから派生して、「長文をスクショで相手に送る」という若者ネット文化まで生まれている。以前取材した女子高生は、筆者からの質問への回答をiPhoneのメモアプリでまとめ、読みやすく改行や見出しまで入れた画面をスクショで送ってきた。パソコン世代の筆者からすると驚きの行為なのだが、「長文はスクショで送る方が親切」と彼女は捉えているようだ。文字が画像に埋め込まれていることが当たり前の世代は、テキストデータが必要になることが少ないのだろう。

若い世代はスクショが持つ多くのメリットを知っており、最も素早く効率的に情報をシェアする方法として多用している。スマホネイティブの若者の考え方や行動様式は、パソコン世代とは明らかに異なる。スクショに対する捉え方はその代表といえる。何でもスクショして画像でシェアするというのは、スマホネイティブの若者にしてみれば、ごく自然な行動なのだ。

ただし、これはスマホ利用を前提にした話。パソコンを使っていれば、URLで共有した方が何かと便利だ。スマホネイティブ世代が社会人になって、日常的にパソコンを使うようになったとき、コピペのメリットを初めて知ることになるのかもしれない。

Part 2

複数のSNSを自在に使い分ける驚きのネット処世術

今の子どもたちにとってSNSは日常生活の延長。
交友関係やつながりの強さに応じて複数のサービスを自在に使い分け、
バーチャルとリアルを行き来する。
大人たちが知るネットとはまた違った世界がそこにはある。

01 Facebookを避ける若者の心理

「Ｆａｃｅｂｏｏｋおじさん」という言葉をご存じでしょうか。若者がＦａｃｅｂｏｏｋに投稿しているおじさんたちを揶揄（やゆ）して付けた呼び名です。この呼び名がネットで流行し、筋トレ報告、残業自慢、タグ付けによる人脈アピールなど、**中年世代がよくする投稿に嫌悪感を抱いている若者が多い**ことが浮き彫りになりました。

総務省が２０１８年７月に発表した「平成29年情報通信メディアの利用時間と情報行動に関する調査報告書」によると、主なＳＮＳの中でＦａｃｅｂｏｏｋを最も利用している年代は20代の52・３％、続いて30代、40代、50代、10代、60代と続き、中年世代だけが利用しているサービスではありません。ただ、若い世代は複数のＳＮＳを積極的に活用する傾向にあるため、Ｆａｃｅｂｏｏｋをよく使っている年代が「おじさん」という印象になるようです。

ある女子大生に聞いてみたところ、実名で「友達」と深くつながるFacebookは「重い」とのこと。また、20代男性たちは、大学生のときにアカウントを取得したけれど、上司や同僚には「アカウントはあるが利用していない」と嘘をついているそうです。自分のプライベートを職場の人にのぞかれたくないことや、おじさんの自慢に付き合いたくないなど、**現実世界でのかかわりをネットでも続けることに強い抵抗を感じる**のでしょう。

Facebookは最も「SNS疲れ」を起こしやすいSNSだと私は考えています。先ほどの女子大生や20代男性の意見のように、リアル社会と結び付くだけでなく、これまでの**人間関係が友達全員につまびらかになる**からです。学生時代の友人とのおふざけ投稿を上司に見られてコメントされたら、おおらかな人でも受け入れ難い気持ちになりますよね。一方、仕事関係の交流がメインとなった中年世代は、Ｆａｃｅｂｏｏｋにそれほどストレスを感じないのかもしれません。

大規模な情報漏洩が続いたＦａｃｅｂｏｏｋ

ところで、米フェイスブックは２０１８年に入ってから立て続けに情報漏洩問題を起こしています。まず、同年４月にユーザー情報８７００万人分が英国のデータ分析会社に渡ったことが明らかになりました。このデータは米国の大統領選挙や英国の国民投票にも利用された可能性があると報道されています。さらに９月には、約５０００万のアカウントに対して乗っ取りが可能な脆弱性が見つかり、予備的措置としてさらに４０００万を加えた合計で９０００万のアカウントがリセットされました。この時期、Ｆａｃｅｂｏｏｋの再ログインを求められた人はこの脆弱性の対象となったアカウントということになります。

個人情報を登録することで、同級生と再会を果たしたり、より便利に連絡できたりといったメリットがある半面、ネットに一度流れた情報は二度と消すことができないという事実もあります。フェイスブックは以前、「アカウントの安全のために」と携帯電話番号の登録を盛んに促していましたが、9月の脆弱性の発覚では携帯電話番号の流出も認めています。これからフェイスブックはセキュリティ対策に力を入れていくと発表していますが、漏らされては困る個人情報を登録しているのであれば、今からでも削除しておくと安心です。

まとめ

ネットに気軽さと緩いつながりを求める今の若者にとって、実名で「友達」と深くつながるFacebookは「重い」。

02

人気急上昇「Instagram」のイマ

今日、主だったSNSといえば、Facebook、Twitter、LINE、そしてInstagramが挙げられます。中でもInstagramの人気は急上昇しています。「2017ユーキャン新語・流行語大賞」で「インスタ映え」が年間大賞に選ばれたこともあり、認知度がさらに上がりました。

「インスタ映え」とは、Instagramに映えそうな風景やモノを指す言葉です。キラキラしたナイトプール、5色ぐらいのカラフルな綿菓子、大きな羽の絵が描いてある壁など、インスタ映えするスポットは若い女性を中心に人気を博しています。

とはいえ、Instagramはもはや若い女性だけのSNSではありません。2018年11月に行われた「Instagram Day Tokyo 2018」で、I nstagramを利用しているユーザーの43%が男性であると発表されました。また、若い世代だけが利用しているイメージがありますが、必ずしもそうではありません。MMD研究所が2018年7月に行った「2018年上半期スマートフォンアプリコンテンツに関する定点調査」では、Instagramを利用しているユーザーのうち20~29歳が44・4%と年代の中で最も高いとはいえ、30~39歳が40・8%、40~49歳が31・3%となっています。

Instagramのサービスが開始されたのは、2010年。ポラロイド風アイコンのiOSアプリとして登場し、フィルターを選ぶだけで写真を加工できる手軽さから写真愛好家を中心に支持されていました。当時、投稿できる写真は正方形に限られており、アートやデザインに関連する投稿がメインでした。現在は旅行や動物・ペット、スポーツに関連した投稿が増えていると、2017年にフェイスブック ジャパンが公表しています。アートな世界観から日常のちょっと良いシーンをシェアするSNSへと変化しているわけですね。

10代にも実は大人気

さて、データに出てこなかった10代はどのような活用をしているのでしょうか。「プリキャンティーンズラボbyGMO」が2018年9月に発表した「Instagramに関する調査」では、女子中学生の58・8％、女子高生の76・9％がInstagramアカウントを所有しています。同社の別の調査を見ると、毎日利用するSNSとして、LINE、Twitterに次いでInstagramが挙がっています。男子のデータは見つけられなかったのですが、私の取材している範囲では男子中高生もほぼ同率でアカウントを持っている印象です。ただし投稿が多いのは女子で、男子は閲覧中心の傾向があります。

Instagramへの投稿は、画像を1枚、

もしくは複数枚投稿する「フィード」と、24時間で自動で消える「ストーリーズ」の2種類があります。ストーリーズは2016年8月にスタートした比較的新しい機能なので、古くからInstagramを利用しているユーザーはその存在自体を知らないかもしれません。ストーリーズは現在SNS全体にはやっているショートムービー機能で、10代を含めた若い世代は1日に何度も投稿しています。次項では、フィードとストーリーズの使われ方について、解説します。

まとめ

アートな世界観から日常のちょっと良いシーンをシェアするSNSへと変化中のInstagram。投稿が多いのは女子で、男子は閲覧中心の傾向が。

03

〝すぐに消える動画〟が若者に大人気

Ｉｎｓｔａｇｒａｍは写真好きな人に愛されるＳＮＳから、キラキラしたシーンを投稿する「インスタ映え」ブームを経て、日常の良いことを気軽に投稿する場所へと変化してきています。その転換に大きく影響したのが、２０１６年８月に開始した「ストーリーズ」です。

ストーリーズは、24時間で消えるショートムービー機能です。自動で消える機能はエフェメラル系と呼ばれ、「Ｓｎａｐｃｈａｔ（スナップチャット）」という写真共有メッセージングアプリで有名になりました。消えてしまう投稿に何の意味があるのかと戸惑う声も多く聞かれましたが、現在はＩｎｓｔａｇｒａｍにもサポートされ、若者を中心に人気があります。

２０１８年11月に行われた「Ｉｎｓｔａｇｒａｍ Ｄａｙ Ｔｏｋｙｏ ２０１８」では、ストーリーズの国内における１日当たりの投稿数は２０１６年９月からの２年間で20倍に増加し、現在では１日当たり７００万件の動画がシェアされていると発表されました。以前からあった「フィード」への投稿とは違い、**1日に何度も投稿するユーザーが多いのです。**なぜそれほどまでに支持されているのでしょうか。

ストーリーズは、**1本当たり最大15秒の動画が投稿できる**機能です。動画には逆再生やループ再生などの加工を施すことができます。また、写真やテキストだけを送信する機能もあり、写真へ文字を入れたり、自撮り写真に動物の顔のような加工を入れたりすることも簡単にできます。ストーリーズが投稿されると、画面上部にプロフィールアイコンが表示されます。閲覧するには、アイコンをタップします。すると再生が始まり、時間が来ると次のユーザーのストーリーズが自動再生されます。

気軽に投稿できるのがストーリーズの魅力

ストーリーズは、つまらないと感じたら画面をタップして、次に飛ばすことができます。このスピード感がストーリーズのキモです。

つまり、大したことがない内容でも、1日たてば消える上に、じっくり見られることがないため、気軽に投稿できるのです。ある女子高生は、「スタバ（スターバックス）に行ったらフィードだけど、マック（マクドナルド）だったらストーリーズに投稿する」と言っていました。特別な瞬間はフィードに、日常はストーリーズにと使い分けているのです。

また、Ｉｎｓｔａｇｒａｍは最新の情報が集約されている場所でもあります。そこで若い世

Instagram の画面の上部に並ぶ「ストーリーズ」（左画面の枠内）。右の２つはそれを再生したところ。気軽に投稿し、気軽に見られる動画が若者の心をつかんでいる

代は、コスメやファッションなど流行が重要なアイテムは検索エンジンではなく、Instagramで検索しています。インフルエンサーと呼ばれる、センスが良くフォロワーの多い人が発信する情報をチェックするのです。さらに、自分と同世代の人気アカウントもフォローします。自分と購入する価格帯が同じであること、着用シーンが参考になることからです。

Instagramは2018年、ショッピング機能を追加し、フィード、またはストーリーズのアイテムをタップするだけでショッピングサイトにつながるようにしました。「買い物はインスタで」が、これからの常識になるかもしれません。

まとめ

「つまらない」と感じたら画面をタップして、次に飛ばせるスピード感がストーリーズのキモ。Instagramの新しい使い方だ。

04

TikTok大流行！その魅力とは

10代の流行は移り変わりが非常に早く、それはITサービスに関しても同様です。しかし、2018年に人気が急上昇し、2019年もまだ勢いが衰えそうにない注目のサービスがあります。それが「TikTok（ティックトック）」です。

TikTokとは、口パクやダンスなどを簡単に投稿できるショートムービー共有サービスです。運営は中国のバイトダンスで、グーグルが発表した国内の「Google Play ベスト オブ 2018」では、TikTokがアプリの「エンターテイメント部門」で大賞を獲得しています。女子中高生に絞ってみると、2018年5月発表の「女子中高生と動画サービスに関する調査（プリキャンティーンズラボbyGMO）」で、動画を視聴したことのあるSNSとしてLINEやTwitter、Instagramといった人気サービスに続いて4位にランクイン。芸能人も個人アカウントを作って発信するなど、かなりの盛り上がりを見せています。

ＴｉｋＴｏｋで最もシェアされるのは、**リップシンク動画と呼ばれる口パク動画です。音楽に合わせてまるで歌っているかのように口を動かす**のです。そして、ＴｉｋＴｏｋ内でお決まりのダンスを踊ります。ダンスといっても、大抵は手を動かす程度の簡単な振り付けで、誰でもまねをすることができます。口パク動画はアプリでＢＧＭを選んで録画するだけで作成でき、ズームや早回し、フィルター効果を掛けるのも簡単。あっという間にクオリティーの高い動画が完成します。さらに、プリクラ世代にはうれしい目を大きくしたり肌をきれいにしたりする美顔加工もあります。この投稿へのハードルの低さがＴｉｋＴｏｋ人気の理由といわれています。

音楽業界もＴｉｋＴｏｋ人気に便乗

ところで、１９８３年にラッツ＆スターがリリースした「め組の人」をご存じでしょうか。２０１８年の春ごろＴｉｋＴｏｋで、倖田來未が２０１０年にカバーしたそ

の曲をBGMに、目の横で「めっ!」のポーズをする動画が大流行しました。その影響で倖田來未の「め組のひと」が、音楽ストリーミングサービス「LINE MUSIC」でデイリーランキング1位を獲得するなど、リバイバルのリバイバルともいえる現象が巻き起こりました。

この動きに、音楽業界も乗り出しています。人気のアーティストが多数所属する音楽レーベル、エイベックスは2018年10月にTikTokと包括的楽曲ライセンス契約を交わしました。また、音楽ストリーミングサービス「AWA」も同10月に提携しています。TikTokでBGMに使われることにより、**旧譜や名曲のリバイバルヒット、アーティスト人気の再燃などが十分期待できるプラットフォーム**だからでしょう。

「#だれでもダンス」や「#こっちを見て」など、ハッシュタグ付きでシェアされるネタは、TikTokの定番となっています。最近ではこうしたダンスだけでなく、ペットや料理、面白動画などの投稿も少しずつ増えてきており、**投稿者も10代を中心に大人世代へと広がって**きました。

最大15秒の短い動画で、つまらなければ画面を上にフリックするだけで次の動画を見られるTikTokのスピード感が、今のスマホカルチャーにぴったりマッチしているのです。

まとめ

口パク動画が簡単に作成、投稿できるハードルの低さが「TikTok」人気の秘密。音楽との親和性の高さに、音楽業界から熱い視線も。

05
TikTokは高いAI技術で若い世代をキャッチ

音楽に合わせて口パクしたり、身振り手振りでできるダンスをしたり……。若者を中心に人気が急上昇している「TikTok」には、楽しそうなショートムービーがたくさん投稿されています。とはいえ、基本は1本15秒の動画ですし、何時間も見続けることは少ないと思いますよね。ところが実際は、**1日に何時間も見るユーザーが多い**のです。それは、TikTokがサポートした「デジタルウェルビーイング」機能からうかがい知ることができます。

デジタルウェルビーイングとは、「ウェルビーイング（健康で幸福な状態）」をデジタルの世界でも実現しようという施策です。米アップルや米グーグル、そして米フェイスブックなどが取り組みを始めており、TikTokもデジタルウェルビーイング機能をサポートしました。具体的には、機能をオンにした場合、利用時間が2時間を超えるとパスワードの入力が求められるようになります。これは逆に言えば、2時間以上利用するユーザーが多いと捉えることができます。若年層の利用が多いTikTokだけに、保護者の不安を払拭する機能を早めに用意した印象です。

ユーザーの好みの動画を優先的に表示

なぜユーザーはTikTokにそこまで引きつけられてしまうのでしょうか。それは「おすすめ」に出てくる動画の秀逸さです。「おすすめ」には、自分がフォローしていないユーザーの動画も表示されるのですが、TikTokで人気動画だけでなく、その閲覧者の好みをAIで判定し、見たいであろう動画を優先的に表示する仕組みになっています。

TikTokを運営するバイトダンスは中国の企業で、2012年に「Toutiao（今日頭条）」というニュースサービスをリリースして急成長しました。このサービスは、Web上の記事を独自のアルゴリズムで選定し、サイトやアプリで配信す

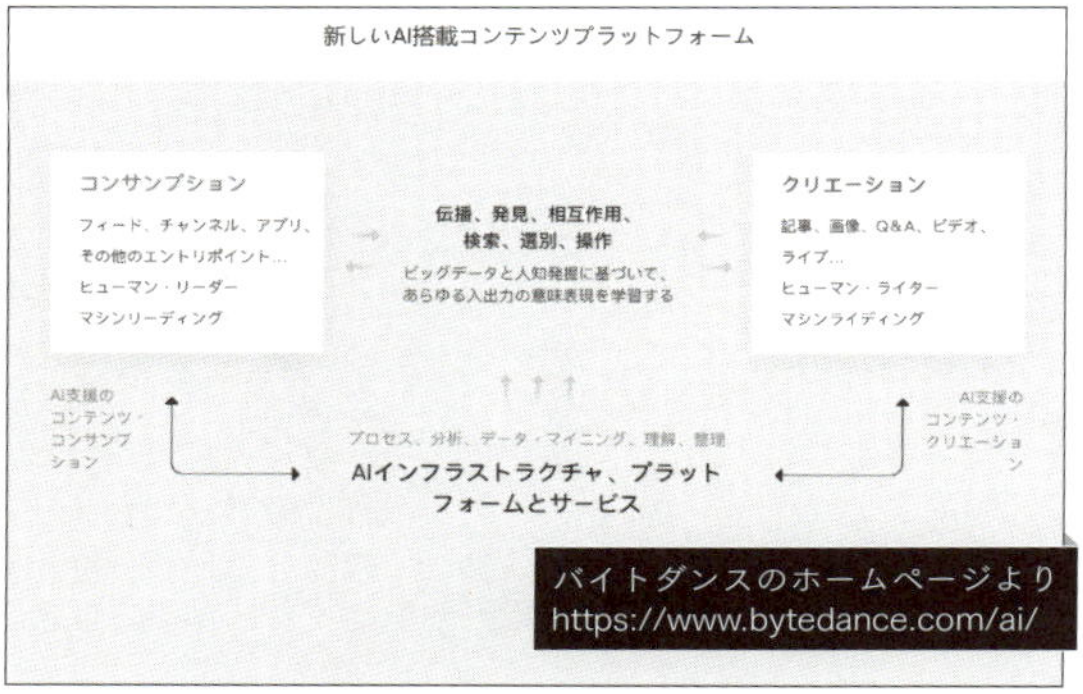

ユーザーへの「おすすめ」機能や、高度な動画解析機能、あるいは若年層の保護にと、TikTokには最先端のAI技術が投入されている

るＡＩ技術を駆使することで成功しています。同社のＷｅｂサイトには、そのＡＩ技術について「**バイトダンスの全てのコンテンツプラットフォームの核心的技術**」としており、「大規模な機械学習アルゴリズムを活用し、ユーザーごとに最も関心があるコンテンツを提供」すると述べています。ニュースサービスで培ったレコメンド技術を、ＴｉｋＴｏｋにも応用しているわけです。

ＡＩ技術は「おすすめ」だけではありません。動画の解析も優れているため、ＴｉｋＴｏｋで動画に施される美顔加工は動きが速くても決してずれることがなく、顔の細かな表情に追随します。**あまりにスムーズなため、ユーザーはテクノロジーを意識せずに楽しむことができる**のです。

さらに、若年層を守るためにもＡＩ技術を使っています。動画に危険な動作を検知したら警告バナーを入れたり、不適切な行動を取っていたユーザーの行動パターンを解析して予見に役立てたりといった対策が実装されています。出会いリスクの対策も自動化しており、3回送ったメッセージに3回とも返信がない場合、出会い目的と判断し、自動ブロックする仕組みもあります。TikTokの人気の裏には、このような優れた技術が使われているのです。

まとめ

一見、軽いノリのアプリに見える「TikTok」だが、その裏に実は最新のAI技術がふんだんに採用されている。

Column2

おじさんが知らない、LINEやFacebookにはないTwitterの魅力とは？

Ｔｗｉｔｔｅｒは２００８年に日本語版が開始され、現在主流のＳＮＳの中でも比較的早く広まった。そのため「古参ＳＮＳ」という印象を持つ人も少なくないだろう。「Ｔｗｉｔｔｅｒのアカウントを作ったものの、その後放置している」という人もいるのではないだろうか。しかし、若者世代にとっては今も、ＴｗｉｔｔｅｒはＳＮＳにおける主役の一つである。

それを裏付ける調査結果を、東京工科大学が２０１９年５月に発表した。同大学は新入生を対象に、コミュニケーションツールの利用状況のアンケート調査を実施している。２０１４年に開始して２０１９年は6回目。今回は１７９５人が回答した。この調査によると、ＳＮＳ別の利用率は1位が99・０％のＬＩＮＥ、２位が80・７％のＴｗｉｔｔｅｒだった。この２つの利用率はここ数年安定している。

明暗が分かれたのはFacebookだ。同調査を開始した2014年には利用率21・3%だったが、毎年少しずつ下げ2019年には9・9%になった。

一般に若者世代は、SNSが長く続くほど使わなくなっていく傾向があるとされる。Facebookはまさにその状況に直面している。だが、TwitterとLINEはそうなっていない。なぜTwitterは若者を引きつけるのか。若者たちのSNSの使い方からひもといてみたい。

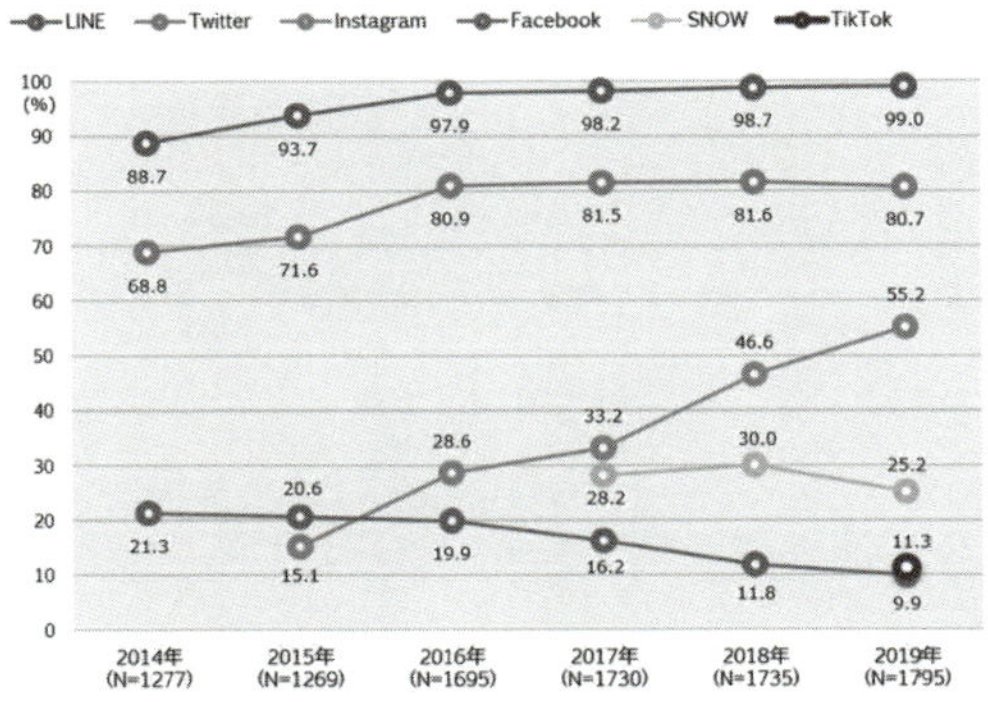

東京工科大学の新入生が利用しているSNSの利用率
（出所：東京工科大学）

LINEだけでは物足りない高校生

今の若者はおおよそ小学校高学年から中学生でスマホを持ちLINEを始める。

LINEは当初、家族との連絡手段だが、親しい友人ともつながるようになる。さらに部活で先輩や後輩ともアカウントを交換して、つながる相手を広げていく。

中学生まではLINE以外のSNSを使っている人は少ない。自分の近況報告のような内容は、LINEの「タイムライン」機能に投稿している場合が多い。タイムラインは自分の「友だち」に登録しているユーザーの投稿を見られるページで、友だちの近況を知るのに役立つ。大人世代からは「何のための機能か分からない」という声も聞くが、多くの中学生にとってはTwitterやInstagram、Facebookの代わりになっているのだ。

しかしLINEのタイムラインは基本的に直接知っている友だちだけの閉じた世界だ。現実の生活との密着度が強く、息苦しさを感じる面も出てくる。また、入ってくる情報が少なく、物足りなく感じるようにもなる。そこで高校生くらいになると、多くの人がTwitterデビューを果たす。

FacebookでなくTwitterである理由は2つ考えられる。

一つは匿名性が高いこと。Facebookを始めたところで、LINEと同じように現実の生活と密着したコミュニティーがネット上に構築されるだけ。若者からすると、そうしたSNSはLINEだけで十分と映るのかもしれない。

もう一つは単純に知名度だ。10代にとってFacebookの知名度はかなり低く、今からスタートしようというSNSではない。

リツイートを通じて緩くつながり合う

若者は、LINEよりも緩くつながり合えるツールとしてTwitterを活用する。最初はLINEを使っていたときと同様に、実際の知り合い同士でフォローし合う。そしてLINEによる直接的なメッセージのやり取りとは異なる、Twitterの機能を活用した気軽なやり方で交流していく。

緩くつながり合うための代表的なTwitterの機能が、ユーザーの投稿内容を転載する「リツイート」と「いいね」だ。高校生は、新規の投稿よりもこれらを多用する傾向がある。

リツイートをすると、自分または他の人の投稿を再度投稿できる。リツイート

▶GIF画像
GIFはGraphics Interchange Formatの略で、「ジフ」と読む。画像を扱うファイル形式の一つ。「GIFアニメーション」という機能があり、複数の画像を1つにまとめることで、パラパラマンガに近いアニメーションを作ることができる。

した内容は、転載者のアカウント名やコメントとともに自分をフォローしている人のタイムラインに表示される。「いいね」も同様だ。投稿者への賛意を示すだけでなく、自分をフォローしている人のタイムラインに「いいね」をした投稿内容が表示される。

イマドキの女子高生は盛大な誕生日のお祝いを好む。教室の黒板にバースデーメッセージを書いたり、お菓子を山のように積み上げたりする。こうしたお祝いの様子を撮影して「みんなありがとう」とＴｗｉｔｔｅｒに投稿する。この投稿を友人たちが「いいね」する。「お祝いする」という意味合いとともに、友人の幸せな様子を拡散するのだ。

男子高校生は面白い画像や動画、ＧＩＦ画像などの投稿をひたすらリツイートしていることが多い。こちらは情報共有して友人と盛り上がりたいという意識が強いのだろう。

ふとした思いをつぶやいたり、返信（リプライ）のやり取りをする場合もあるが、Ｔｗｉｔｔｅｒへの基本的なスタンスは緩いつながりだ。それほど親密な関係でない相手とも、「いいね」をはじめとした気軽な方法で交流できる。高校生

▶**ハッシュタグ**
Twitter などの SNS で、投稿するコメントに一定のルールで付加するタグ。「#」記号の後にキーワードを続ける。特定のテーマについてのハッシュタグをあらかじめ決めておくことで、同じタグが付いた投稿コメントを簡単に一覧できる。

になって広がってきた交友関係と、お互いが傷つくことが少ないやり方でコミュニケーションを取れるのだ。

情報収集ツールとしての側面もある。例えば芸能人の情報を集めたい場合は、公式アカウントや有名なファンアカウントをフォローする。わざわざ検索しなくとも、タイムラインさえ眺めていれば自動的に好きな芸能人の最新情報が手に入る。TwitterはSNSの中では歴史があり、公式アカウントやファンアカウントが比較的多い。これにより情報収集ツールとしての価値が高まっている。

「#春から〇〇」で入学前から交流

Twitterの拡散力をうまく利用すると、見知らぬ人との交友を広げるためのツールにもなる。特に活用されることが多いのは大学や専門学校への進学時だ。新しい友人関係の構築に誰もが悩む時期である。イマドキの10代は進学先が決まると「#春から〇〇」と学校名を入れた**ハッシュタグ**を入れ、Twitterに投稿する。同じ学校に進学する人と、入学前から交流するためだ。

実際に前出の東京工科大学の調査でも、入学前に新入生同士でSNSなどで連絡を取り合ったことが「ある」と回答した人が、新入生全体の約４割に上った。

同じハッシュタグを付けている人同士でＴｗｉｔｔｅｒをフォローし合っていると、誰かがＬＩＮＥに新入生グループを作り招待してくれる。ＬＩＮＥでは「〇〇高校ならテニス部の〇〇さんを知ってるよ」といったオープンな場では話しづらい内容をやり取りする。Ｔｗｉｔｔｅｒの過去の投稿などを見れば、人となりが分かるので安心して個人的な話をできる。こうして、知り合いがいる状況で入学式に臨めるのだ。

学生のTwitterのプロフィールは学歴が詳細に書かれていることが多い（筆者作成）

このように若者は、ＬＩＮＥは親密な人とのコミュニケーションに、Ｔｗｉｔｔｅｒは情報収集や広い人間関係の構築にと使い分けている。役割が違うため、どちらのツールも手放せないのだ。Ｉｎｓｔａｇｒａｍの猛追はあるが、Ｔｗｉｔｔｅｒは当面ＳＮＳの主役の一角を占め続けるだろう。

Part 3

喜びも悲しみもSNSでシェア スマホ世代のコミュニケーション

今も昔もコミュニケーションを求めるのは人間の性。
だが、スマホ世代のコミュニケーション術は大人世代のそれとは様変わり。
時間や空間を軽々と超えて、知らない人と気軽につながれる半面、
絶妙なバランス感覚も必要に。

11

入学前にSNSでつながる中高生

ＴｗｉｔｔｅｒやＩｎｓｔａｇｒａｍで使われるハッシュタグ（＃）は、タップするだけでキーワード検索ができる便利な機能なのですが、この仕組みを使った「＃春から〇〇」という投稿がＳＮＳに激増する時期があります。そう、合格発表の時期です。子どもたちは、「〇〇」の箇所に進学先の学校名を入れてＳＮＳに投稿します。なぜそんなことをするのでしょうか。

それはもちろん、進学先に友人を作るためです。中学、高校だけでなく、大学でも同様の投稿が行われます。同じハッシュタグで投稿しているアカウントがあったらフォローし、相手もフォローする相互フォローの関係になります。新入生だけでなく、在校生もハッシュタグを付けて部活への勧誘などを行います。もちろんプロフィールにも進学先や趣味を記述します。

相互フォローした相手のTwitterやInstagramを見て、同じ趣味を持っている、もしくは同じ部活を考えている人同士はメッセージを交わすなどして親睦を深めていきます。仲良くなると、LINEのアカウント交換です。**LINEはTwitterやInstagramに比べてプライベート感が強い**ため、いきなり交換ではなく、相手の様子を投稿から探るというステップが必要なのです。

そして入学式では、「Twitterの○○ちゃんだよね」と実際に会うことになります。**SNSに自撮り写真を載せるのが当たり前の世代**ですから、会ったことがない相手でもすぐに分かるのです。

その後、クラスが発表されると、クラスごとにグループＬＩＮＥが作られます。グループなら、と多くの人が参加しますが、盛り上がるのは最初だけ。大人数での会話は難しいこともあり、徐々に誰も発言しないグループになっていくことが多いです。

投稿を通じて個人情報がダダ漏れに

最近の子どもたちは、ＴｗｉｔｔｅｒやＩｎｓｔａｇｒａｍのプロフィールに個人情報を出すことに抵抗を感じていません。顔写真だけでなく、所属している学校名、クラス名、部活などを箇条書きやハッシュタグでずらりと書いています。ローマ字や通称で記載することで、なんとなく濁している人もいますが、多くの子どもたちは同級生とつながるために**プロフィールはしっかり書いておきたい**と考えているのです。

しかし、これには危険を伴うことも事実です。前述の「#春から〇〇」を見ていると、明らかにその学校に入らないであろうアカウントもありました。ナンパ目当てで近づいてくる大人も存在するのです。同じ学校に入学するように装い、相互フォローを狙っているのでしょう。相互フォローにこぎつければ、DM（ダイレクト・メッセージ：個人宛てメッセージ）が交わせるようになります。Twitterを見ていると、ナンパ目的で送られてきたメッセージのアダルトな内容に不快感を覚え、スクリーンショットを公開している女子高生も珍しくありません。

進学先に1人でも友人ができれば、新生活への不安は大きく解消されます。デジタルネイティブならではのスマートなコミュニケーション術ですよね。ただ、ネットの世界には悪い大人たちがいるのも事実です。子どもたちには自分たちの世代以外からも見られていることを話し、**アカウントを非公開、または公開範囲を絞るなどして、個人情報を守る**ようにアドバイスするとよいでしょう。

まとめ

何かと便利なSNSだが、ネットの世界には悪い大人たちもいる。危ない目に遭わないように、しっかり自衛しよう。

02

Twitterで出会う中高生たち

中高生は大人が想像しているよりもTwitterを使っています。MMD研究所がマカフィーと共同で2018年3月に行った「高校生、大学生、社会人20代・20代のSNS利用に関する意識調査」によると、**週に1回以上利用しているSNSは、高校生の場合、「Twitter」が79・3%と、**「Facebook」「Instagram」「LINEのタイムライン」に**大きく差をつけて1位**になっています。最近はInstagramの利用率が上昇してきていますが、まだまだTwitter人気は衰えません。

Twitterといえば、今のニュースを知ったり、ふとした思いをつぶやいたりするSNSというイメージですが、中高生は知り合いとつながるために利用します。**平均2つ以上のアカウントを持ち、**「リア垢（＝アカウント）」と呼ぶアカウントではプロフィールを詳細に記述して学校の友人などとつながります。「裏垢」と呼ばれるアカウントは、親しい友人だけとつながり、本音を投稿する場として利用します。また、好きなアーティストなど趣味のことだけをつぶやく「趣味垢」など、**発信する内容に合わせてアカウントを使い分け**ています。

Twitterならではのリスクもある

リア垢では同じ学校の人とフォローし合うことが多いのですが、友人の友人へとつながっていきます。ある男子高校生は、違う高校に通う友人のアカウントページでフォローしているアカウントをチェックし、かわいい女子がいたらフォローしているそうです。フォローされた女子は、相手のツイートをチェックします。「プロフィール画像はだいたい盛れている（よく写っている）写真だから、ツイートしている画像で、しかも他撮りしている写真を見るとリアルが分かる」とのことで、**合格ならフォロー返し**するそうです。ある女子高生は「Twitterで知り合った人と会うことになって、一応友達と一緒に行ったけど、服とかダサかったから速攻帰った」と話していました。

このように、高校生同士ならほほ笑ましい恋愛話とも受け取れますが、全く知らない人とも出会うことができます。実は、出会い系サイトよりも事件に巻き込まれやすいのがＴｗｉｔｔｅｒなのです。警察庁が発表した「平成29年におけるＳＮＳ等に起因する被害児童の現状と対策について」によると、平成29年中に青少年保護育成条例違反や児童ポルノ、児童買春などの犯罪に巻き込まれた17歳以下の児童１８１３人のうち、６９５人がＴｗｉｔｔｅｒで出会っています。これは他サイトを引き離して最も多く、さらに前年度の１７３６人中４４６人よりも増加しています。

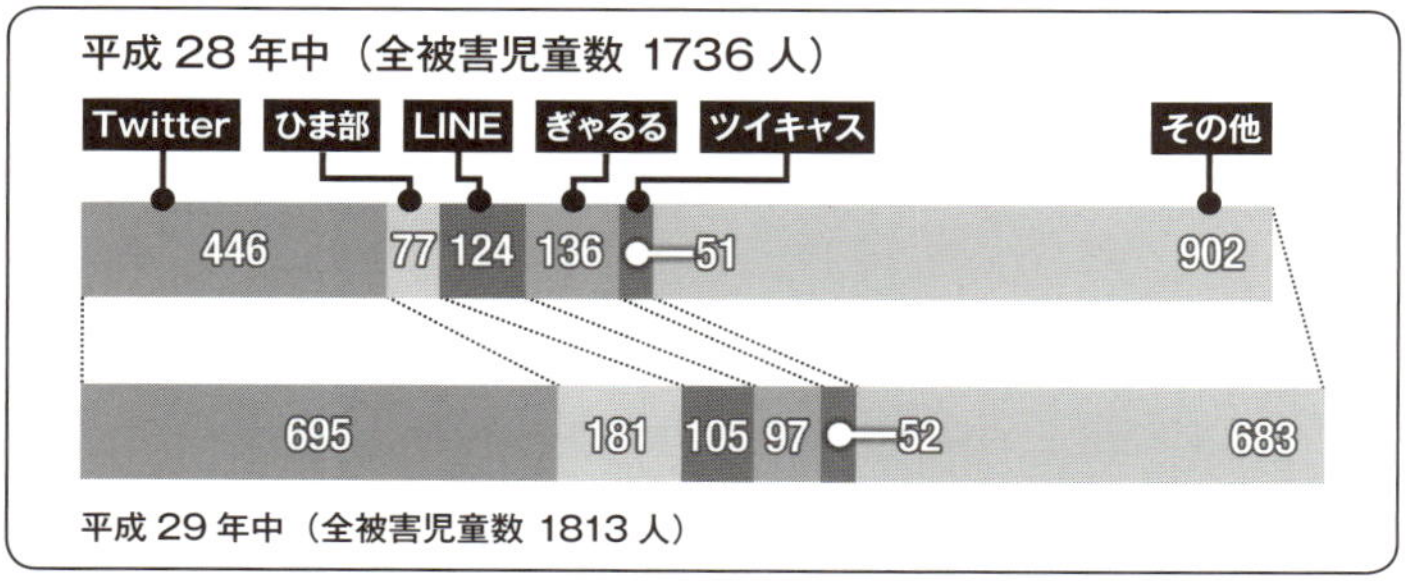

被害児童数が多いサイト（出典：平成 29 年における SNS 等に起因する被害児童の現状と対策について＝警察庁）

Ｔｗｉｔｔｅｒを「＃出会い厨」で検索すると、出会いを求めて近づいてきたアカウントとのやり取りを画像で投稿し、注意を促す女子のアカウントが多いことに驚きます。ある女子高生は、本人ではない盗撮画像をネタにゆすられ、「この画像を拡散されたくなかったら、俺と会え。それかお前の裸の画像を送れ」と脅されていました。友人と相談しながら対応し事なきを得たそうですが、かなり怖かったとのことです。

気軽にフォローし合うだけでも被害に遭う可能性があることが、ネットが身近にある中高生だからこそ分からないのかもしれません。**知らない人とつながることにはリスクがある**ことを、話しておくとよいですね。

まとめ

Ｔｗｉｔｔｅｒは出会い系サイトよりも事件に巻き込まれる割合が高い。知らない人とつながることにはリスクがあることを覚えておこう。

03

心の内はLINEの「ステメ」に書く

若い世代がメインに使うアプリといえば、LINEです。テスティーが2018年2月に発表した「現役JKのぞき見企画【Vol・7】『Twitter』に関する調査」によると、「利用しているSNS」の第1位は「LINE」で87・1%、第2位は「Twitter」で67・5%、第3位は「Instagram」で53・0%とのこと。LINEは友人だけでなく家族との連絡手段にもなっているため、LINEでのコミュニケーションはまだしばらく続きそうです。

LINEは世代を超えて利用されていますが、10代には大人が知らないカルチャーが生まれています。それが「ステメの更新」です。

「ステメ」とは、以前は「ひとこと」と呼ばれていた自己紹介や近況を書く欄で、正式名称は「ステータスメッセージ」です。10代はこれを「ステメ」と略し、頻繁に更新します。内容は、学校行事に懸ける意気込み、部活でのエピソード、友人へのメッセージ、好きな曲の歌詞、そして恋バナ（恋愛の話題）など、日常で感じたことを何でもつづっています。短い欄に見えますが、ステメには500文字まで入れることができ、改行や絵文字も入れられるので、思いの丈を表現することができます。

ステメが更新されると、「友だち」画面で「最近更新されたプロフィール」として紹介されます。友達のステメが更新されたらすぐ見に行き、その返事を自分のステメに書くことも珍しくありません。

わざわざステメでやり取りしなくても、と大人は思いますが、自分たち以外にも友情を見てほしい気持ちがあるため公開し、また見ている人もその会話に参加したりなど、ステメは交流の場としても役立っています。

目立たないことを逆手に、ステメに悪口を書く子も

しかし一方で、投稿よりも目立たない場所であることから、心の内を吐露する人も多くいます。更新されたステメをスクロールしていくと、誰かの悪口や自虐の文章が現れることがあるのです。「またいい子ぶってる」など、誰に対してかは特定できない文章を記すのです。このように**誰に対して言っているのか特定できない投稿**をTwitterでは「エアリプ」と呼びますが、それをLINEのステメで行っているのです。

部活でのもめ事がステメ上で言い争いになり、数分ごとに更新されることもあります。

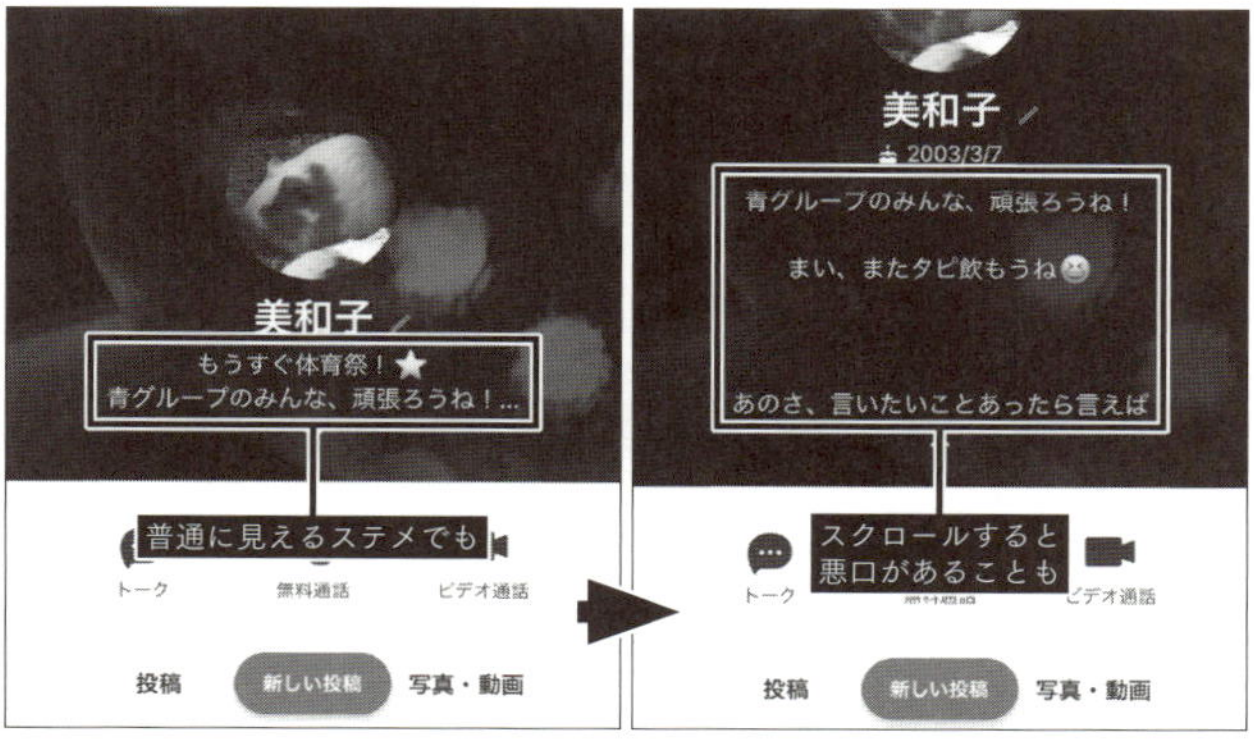

ぱっと見、普通の「ステメ（ステータスメッセージ）」だが、よくよく見てみると……。

知り合いたちはハラハラしながら動向を見守ります。時には、カップルのけんかがステメ上で行われることもあり、それを見ている人たち同士でトークを使って「あれは彼女が悪いよね」など感想を言い合っています。「私なんて消えてなくなればいい」と、「かまって投稿」をする人もいます。直接甘えられないけれど誰かになぐさめられたいとき、**ステメはちょうどよい距離感で使える場**なのでしょう。

つい心を許して書き込んでしまうスペースではありますが、**ステメはブロックしたユーザーも含めた全てのユーザーから見られます。**周囲の子どもたちにプライバシーに関することは書き込まないように教えてあげてくださいね。

まとめ

一見、当たり障りのない自己紹介やコメントに見える「ステメ」に、彼ら・彼女らの隠れた本音が潜んでいる。

04

学校行事はSNSとプリクラに記録

中高生の学校生活は行事が目白押しです。入学式、体育祭、遠足、夏休み、文化祭、合唱コンクール……。その合間にテストがあり、いつも準備と勉強に追われている毎日です。部活動やアルバイトをしている人もいるので、今の子どもたちを見ていると自分もこんなに忙しかったのかと驚くほどです。

振り返ると、例えば最近の高校の体育祭や文化祭は一大イベントでしたよね。それはイマドキの中高生にとっても同じです。最近の体育祭では、いくつかのグループに分かれて、各チームでチームカラーの衣装をそろえます。おそろいのTシャツを業者に発注して作ったり、応援合戦のダンスの衣装を生地から作成したりと当日まで大変な苦労をします。髪の毛をその日だけチームカラーに染めることを許可する学校もあります。赤い髪や青い髪にラメを付けた、かなり派手なヘアスタイルで、男子も女子も、頭の先から靴ひもまで、当日だけの仮装をして体育祭に臨むのです。

その晴れ姿や当日の様子は、もちろんSNSに公開します。「プリキャンティーンズラボbyGMO」が2018年9月に発表した「Instagramに関する調査」では、女子中高生の約8割が学校行事をInstagramに投稿しているとのこと。その内訳は、最も多い行事が「卒業式（83・6％）」、続いて「体育祭・運動会（80・6％）」、「修学旅行（79・7％）」、「文化祭（76・9％）」となっています。この調査はInstagramのみですが、LINEのタイムラインやTwitterでも同様に投稿されています。

全身はプリクラで撮影

楽しそうな様子はハッシュタグで検索することができます。2019年8月時点では「#体育祭」が88・4万、「#文化祭」が84・2万の投稿がありました。ショート動画機能「ストーリーズ」は友人限定の場合が多いので数は分かりませんが、検索画面からいくつか見ることができました。実際はストーリーズへリアルタイムに投稿し、翌日以降に良い写真や動画をフィードへ投稿しているので、総数は相当なものでしょう。

さらに体育祭や文化祭の衣装をしっかり写真に残すため、女子高生たちは行事が終わったその足でプリクラを撮りに向かいます。**スマホの自撮りでは上半身しか写せません**が、**プリクラなら全身を残せます**。さらにプリクラは、顔だけでなく、脚長効果など全身を美しく加工できるのです。撮影した写真を細かく画面で調整したら、スマホに画像を送ります。もちろんプリントも出てくるのですが、**大事なのはデータです**。そのデータをInstagramやTwitterに投稿して、友人とコメントを交わし、ようやく行事が終わります。

青春の思い出がきめ細かく写真や動画に残っていることは羨ましくもありますが、少し心配な面もあります。こうした**行事写真には学校名が少なからず入っている**ことです。また、写真を交換するために、ＳＮＳアカウントのＱＲコードをＴｗｉｔｔｅｒ上で公開している人もいます。悪い大人に狙われないように、**個人情報はメッセージでやり取りする**ように伝えていきたいですね。

まとめ

青春の思い出となる体育祭や文化祭。だが、ＳＮＳにアップする際には、学校名などの個人情報が含まれていないか注意を！

05

「勉強垢」で励まし合いながら学習する

テスト前になると「全然勉強していない！」と言って高得点を取る友人がいませんでしたか？　うっかりその言葉を信じて自分も勉強せず、痛い目に遭った人も多いはず。でもイマドキの子どもたちには、勉強していることを素直にＳＮＳへ投稿する人もいるのです。

勉強の様子を投稿する一般的なスタイルは、勉強時間と書き込んだノートや参考書の画像などです。女子の場合はきれいに彩られたノートへの書き込みにかわいい文房具が添えられており、必死に勉強した様子というよりもＳＮＳ映えする投稿になっていることが特徴です。また、この参考書が良かったとか、この文房具は使いやすいなど、勉強仲間にとって参考になるＴｉｐｓにも触れられます。

「プリキャンティーンズラボ　by　GMO」による「SNSの勉強アカウントに関する調査」（2018年2月発表）によると、勉強の様子をSNSに投稿したことがある10代女子は28・6％でした。投稿理由は、「勉強を頑張るモチベーションにするため31・1％）」「勉強を頑張る人同士で応援しあうため（29・3％）」「サボらずに勉強するため（25・1％）」など、**勉強を継続するために仲間と交流したい気持ちが強い**ようです。そのため、勉強の様子を投稿するときには、「#勉強」「#勉強なう」などのハッシュタグを付け、勉強中の人とつながりやすいようにしています。

また、勉強の様子を専用の「勉強垢」を作って投稿している人も増えています。勉強垢はTwitterやInstagramなど、複数アカウントを使えるＳＮＳに作られます。自己紹介として学年と得意科目、苦手科目、志望校などが記され、「＃勉強垢さんと繋がりたい」などのハッシュタグを使って他のアカウントとつながっていきます。「＃勉強垢」で投稿を見ると、解けない問題を投稿して解説を募集したり、良い成績が取れたと報告したりと熱心に勉強している様子がうかがえます。

そして、この「勉強垢」ですが、大人でも勉強の励みに利用している人がいるのです。Ｉｎｓｔａｇｒａｍで「＃大人の勉強垢」と入れると、ＴＯＥＩＣなどの検定試験に向けた勉強の様子や新聞や書籍を読んだという内容の投稿がヒットします。大人の場合、同じ科目や内容を勉強している人が周囲にいないので、**ＳＮＳで励まし合うことは良いアイデア**ですよね。

ちなみに、海外でも同様の投稿があり、Ｉｎｓｔａｇｒａｍの「＃ｓｔｕｄｙ」ではきれいに書き込んだノートやかわいい文房具などを見ることができます。**努力している過程も他人に認めてほしい**、そんな心理は世界共通なのですね。

ＬＩＮＥの通話機能を使って一緒に勉強

勉強の結果を報告するだけでなく、昔ながらの「友人と一緒に勉強する」ことをスマホ越しに行う人もいます。ＬＩＮＥのビデオ通話をつなぎっぱなしにして机に向かうのです。ふとした疑問はスマホの向こうにいる友人に「ここが分からない」と画面で見せれば、すぐに解決します。つい相手が気になっておしゃべりしたりと、あまり勉強が進まないような気もしますが、取りあえず机に向かっていることはできそうですね。

まとめ

今も昔も、仲の良い友達と一緒の勉強は楽しい。だがイマドキの中高生は、遠く離れた相手や知らない人とでもそれができてしまう。

06 アカウントとパスワードを共有する若者

ネットのおかげで便利になったことはたくさんありますが、その一つに「いつでも映画やテレビ番組が見られる」があります。ＮｅｔｆｌｉｘやＨｕｌｕといった動画配信サービスは、月額料金を支払うと、家のテレビやスマホで好きな動画をいくらでも見られます。見逃した映画や以前見ていたテレビ番組などをゆっくり楽しめるなんて、良い時代になりましたね。

動画配信サービスは若い世代にも大人気です。しかし、学生にとって900円近くの月額料金は高額です。料金を毎月支払ってまで視聴したいという人は動画好きの人に限られます。そこで、彼らは動画配信サービスのアカウントを共有するのです。例えばＮｅｔｆｌｉｘでは、家族で視聴するために、アカウントにサブアカウントのような役割を果たす「プロフィール」を5つまで作成することができます。子ども用のプロフィールを作れば、ペアレンタルコントロールで制限できるというわけですね。

Ｎｅｔｆｌｉｘは規約で「ご家庭以外の方と共有することはできない」と規定しているのですが、このプロフィールを友達と共有している人がいるのです。この場合、1アカウントしか契約していないため、誰かが動画を見ている間は他の人が見られない、視聴履歴を見られる可能性があるなどのリスクはありますが、ある女子大生は「そこは気にならない」と言います。「私は動画好きだからアカウント契約したけど、友達にどうしても見てほしいＴＶシリーズがあって。メールアドレスは知られてるし、パスワードはこれ専用に作ったから大丈夫」とのこと。**仕組みを熟知した上での運用ですが、規約違反**ですよと伝えておきました。

SNSアカウントも共有

アカウントの共有は、ゲームやＳＮＳのアカウントでも行われています。ゲームの場合は、代金を支払って自分のアカウントのレベルを上げてもらうケースがあるようです。

ＳＮＳに関しては、ＴｗｉｔｔｅｒやＩｎｓｔａｇｒａｍなど、複数アカウントの作成が許されているサービスで行われます。カップルが１つのアカウントを共有して行う「カップル共同垢」は、若いカップルの間で大流行しました。今は一時期ほど作られてはいませんが、お互いへの愛をつぶやいたり、デートの画像を投稿したりと幸せそうな様子が見られます。ただし、これも恋愛がうまく行っているときだけ。**別れた後、相手にパスワードを変えられてしまうと、消したい画像も削除できない**事態に陥ります。Ｔｗｉｔｔｅｒには「別れました」とだけ記されているアカウントが多数存在するのですが、これはカップル共同垢の跡なのです。

10代はパスワードに関して大人ほど重大に捉えておらず、パスワードの当てっこをするなど、仲が良いとお互いに知っていることがあります。そこで、**相手のアカウントに勝手にログインする「乗っ取り」遊び**も行われます。もちろん、遊びで許されることではなく、なりすましに当たる行為は禁じられています。「内輪のことだから」と軽く考えず、人のアカウントにログインしてはいけない、パスワードを人に教えてはいけないと改めて伝えていかなければいけませんね。

まとめ

有料サービスをリーズナブルに使うためなら、アカウントやパスワードも他人と共有してしまう――でもそれ、アウトです。

▶**Snapchat**
若者を中心に、海外で大人気の写真共有メッセージアプリ。送った動画や写真が1秒から10秒の間（設定による）で自動的に消滅するのが特徴。

Column3

はかないSNSが若者心理にマッチ

複雑な若者の心理を反映し、SNSの使い方が変化している。象徴的なのは「エフェメラル系SNS」の隆盛だ。エフェメラル（ephemeral）とは、「つかの間の」「はかない」といった意味の英語。つまり、エフェメラル系SNSとは、一定の時間がたつと投稿が自動的に消滅するSNSを指す。

エフェメラル系SNSが本格的にブームになったのは2016年だ。この機能で初めて注目を集めたのは、2011年に登場した「Snapchat（スナップチャット）」という写真共有メッセージアプリである。写真などの投稿されたコンテンツは24時間で自動的に消える。友人との直接メッセージのやり取りに至っては最長10秒で消える。これが米国の若者の間で大流行した。

Snapchatは日本ではあまりはやらなかった。しかし、現在は違うプラットフォームで、エフェメラル系SNSが人気になっている。それが写真共有の

ＳＮＳである「Ｉｎｓｔａｇｒａｍ」だ。

皆さんはＩｎｓｔａｇｒａｍにどんなイメージを持っているだろうか。流行語にもなった「インスタ映え」をイメージする、あるいはキラキラしたナイトプールやゴージャスな服や食事の写真の羅列を思い浮かべるかもしれない。だがそれはＩｎｓｔａｇｒａｍの一面にすぎない。

インスタ映えを狙った写真が投稿されるのは、「フィード」と呼ばれるＩｎｓｔａｇｒａｍの投稿部分だ。フィードは自分で削除しない限り、ずっと残る。本人の人となりを表すスペースと捉えられており、特に女子中高生はいかにセンスの良い写真を並べるかに心血を注いでいる。

Instagramのストーリーズ（筆者作成）

「いいね！」が少なかった投稿や、今ひとつ映えない画像だと分かると、即座に消すこともある。つまり、とっておきの1枚の写真を投稿する場だ。

しかし、そんな緊張状態ばかりでは、ＳＮ

Sを気軽に楽しめない。それをカバーするのが「ストーリーズ」という、Instagramのもう一つの投稿機能である。

ストーリーズに投稿した写真や動画は24時間後に自動的に消える。ビジネスパーソンで使っている人はあまり多くない。Instagramのアカウントを持っている人でも、大人はストーリーズの機能をよく知らないかもしれない。

実は、現在のInstagramで若者の投稿頻度が高いのは、フィードよりもむしろストーリーズだ。女子中高生は特に顕著である。

これを裏付けるデータがある。10代の消費行動調査を手掛けるGMOメディアの「プリキャンティーンズラボ by GMO」が2018年9月に発表した、「Instagramに関する調査」である。

この調査の中に「タイムライン（フィード）とストーリーズのどちらによく投稿するか」という質問がある。女子中高生の回答はストーリーズが41・8％に対し、タイムライン（フィード）は15・4％。ストーリーズへの投稿がタイムライン（フィード）を大きく上回った。

「どちらをよく閲覧するか」という質問でもストーリーズが30・9％、タイムライン（フィード）が17・2％。やはり、ストーリーズがタイムライン（フィード）を上回る。

公式発表されている数字からも、ストーリーズの人気が見える。フェイスブックジャパンの2018年11月の発表によると、国内のデイリーアクティブユーザー（DAU）の70％はストーリーズを使っているという。投稿数は2016年からの2年間で20倍に増加し、1日当たり700万件の投稿（シェア）があるとしている。

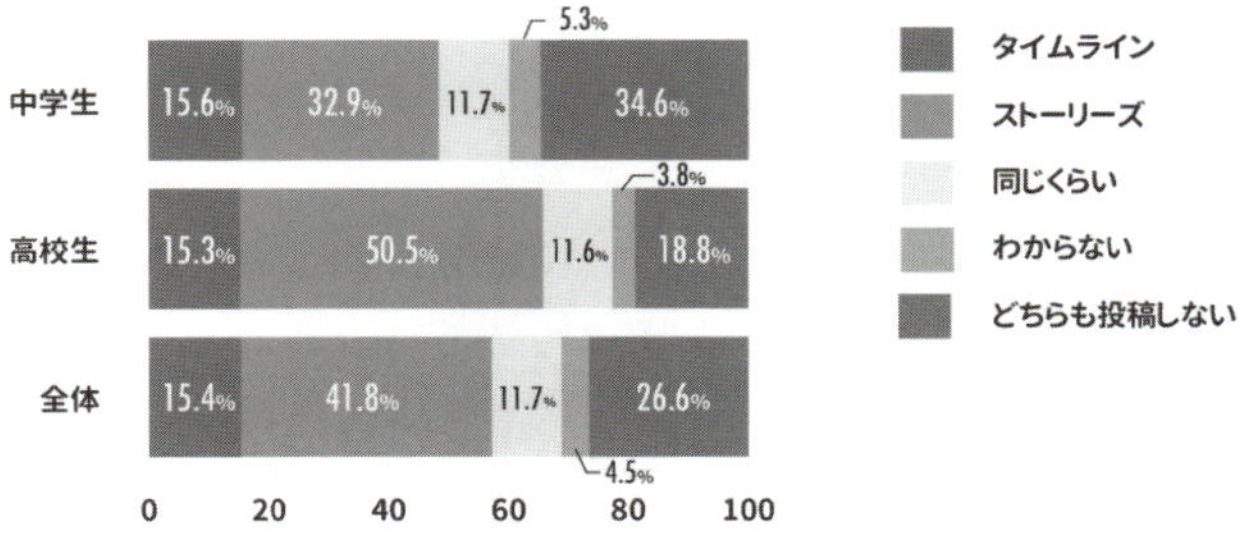

Instagramのタイムライン（フィード）、ストーリーズのどちらによく投稿するか
（n＝1192、単一回答）
（出所：プリキャンティーンズラボ byGMO）

今を共有できれば、それでいい

ストーリーズには静止画または動画を投稿できる。静止画は写真に文字を入れたり、自撮りした写真に動物の顔のような加工を入れたりできる。テキストだけの静止画の作成と投稿も可能だ。

動画は1本につき最大で15秒。シャッターボタンを長押しするだけで撮影して投稿できる。これは最近流行しているショートムービー型SNSの一般的な操作方法といってよい。動画には逆再生やループ再生などの加工も施せる。

文字を投稿したInstagramのストーリーズ

女子中高生はストーリーズに、日常の何でもない出来事を投稿していることが多い。インスタ映えのような意識は、そこにはない。「バイトに行きたくない」という文字だけを投稿したり、休み時間に友達とふざける様子を動画にしたりと、言ってしまえば、残す必要がない自分の今の思いや出来事を、1日に何回も投稿しているわけだ。

前出のプリキャンティーンズラボby GMOのアンケートでは「ストーリーズによく投稿する理由」の1位に、「その場のできごとや感情・感動を共有しやすいから（66・9%）」が挙がっていた。2位は「時間が経ったら消えるので（心理的に）投稿しやすいから（61・4%）」である。「今」を分かってもらえれば、その後はどうでもいい（消えてしまっていい）といった心理がうかがえる。

24時間で投稿が消えるストーリーズが女子中高生の支持を集めるのは、思い出を振り返らない若さ故か。それともSNSとともに青春時代を送っているからこそできる、ある種の割り切りなの

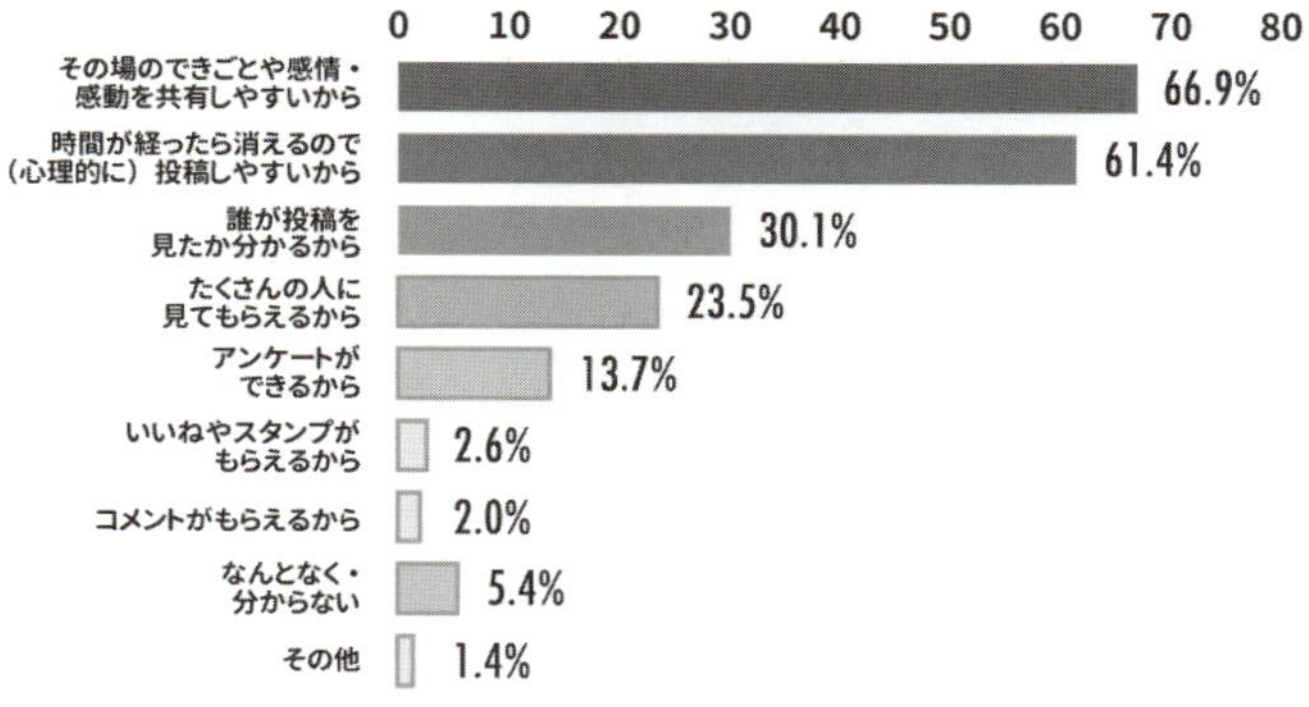

ストーリーズによく投稿する理由（n=498、複数回答）
（出所：プリキャンティーンズラボ byGMO）

か。

この辺りの感覚は、明らかに大人とは違う。スマートフォンで撮った写真も「自撮りをし過ぎてスマホの空き容量が足りなくなってきたら消す。バックアップはしない」と話す女子高生がいた。保存することには執着しない。

写真や文章の表示は「5秒だけ」がいい

女子中高生がストーリーズを好むのは、その閲覧方法にも理由がある。静止画や動画が自動再生されていくことが、便利なのだ。TwitterやFacebookのタイムラインのように、読み手がスクロールしながら見ていくものではない。

ストーリーズを投稿すると、友人が見ている―nstagramのホー

Instagramのホーム画面。上部に並ぶアイコンが友人がストーリーズを投稿したというお知らせ。タップすると閲覧できる

ム画面の上にプロフィールアイコンが表示される。それをタップするだけで再生が始まる。静止画も動画も自動再生なので、眺めているだけでどんどん次の投稿が再生されていく。興味がない投稿は画面をタップすれば、次の投稿に飛ばせる。

このスピード感が、ストーリーズ人気の大きなポイントだ。（意外に思うかもしれないが）イマドキの女子中高生は「この投稿は見る人に迷惑ではないか」ということに、大人が思っている以上に気を使っている。

フィードへの投稿は、見ている相手の画面にいつまでも表示され続ける。ところがストーリーズなら、静止画は約5秒、動画は再生が終わり次第、次の画面に移る。見る人にとって興味がない投稿は、簡単に飛ばせる。閲覧する人に気を使わせずに投稿できると捉えられているようだ。

表示時間が短いので、じっくり見られると恥ずかしい写真、あるいは少し写りが悪い写真でも平気で投稿できる。5秒ほどで次の投稿に画面が切り替わるので、そうした安心感もある。

女子中高生のストーリーズには、文章が投稿されることもある。小さな文字でつらつらと思いの丈をつづる。だが長過ぎると読み切れないうちに、次の画面に移ってしまう。全ての文章を読むには、画面を押し続けて切り変わるのを止めるしかない。または画面のスクリーンショットを撮る。

一見すると、非合理的に思える。筆者も初めて目にしたときは「ストーリーズではなく、フィードに投稿すればいいのに」と思った。だが若者の心理は複雑なのだ。

伝えたい気持ちはあるけれど、SNSで必要以上に目立つのは避けたい。そんな女子中高生の微妙な心理が、あえてストーリーズに長文を投稿する行動を生んでいるように思える。

ストーリーズには閲覧者の履歴が付く。これはあまり気にしていない若者が多いようだ。「ストーリーズに投稿する内容は、絶対見てほしいわけではないから」と、ある女子中学生は言っていた。

「いいね！」がないのがいい

もう一つ、大切なポイントがある。ストーリーズには「いいね！」の機能がない。投稿に反応するには、指定した相手と直接メッセージや画像などをやり取りする「DM（ダイレクトメッセージ）」を使う。

大人からすると、ワンタップで人間関係を維持できる「いいね！」があると、便利でありがたいと感じるものだ。しかし女子中高生は抵抗なく、ダイレクトメッセージでストーリーズへのリアクションやコメントを書いて、相手に送る。

見る人の迷惑にならないように気を使っているからこそ、リアクションも個人間のメッセージのやり取りにした方が他の人に知られず、安心と考えているのだろう。

女子中高生の多くは「仲がいい友達とは、ストーリーズを見た後にダイレクトメッセージを送って盛り上がる。同時にLINEでは別の話題をメッセージで送り合っている」という。

大人たちには、デジタルネイティブの若者は消極的で遠慮がち。人と広く浅く交流しているように見えるのかもしれない。しかし、限られた仲間との閉じた世界を非常に大切にしており、その中での深いコミュニケーションを大事に思っている。

こうした若者特有の人との距離感が、ＳＮＳの流行にも色濃く反映されている。Ｉｎｓｔａｇｒａｍのストーリーズの隆盛は、その象徴といえるだろう。

Part 4

便利さと危うさは隣り合わせ SNS&ネットに潜む思わぬリスク

スマホ1つで世の中のあらゆる情報にアクセスできるようになった現代。
だが、便利さの裏には思わぬリスクも忍び寄る。
子どもたちを取り巻くSNSやネットの負の側面にも、
しっかり目を凝らしておこう。

01

今はLINEで行われる「不幸の手紙」

今やコミュニケーションツールとしてメールから置き換わったともいえるLINEは、子どもたちにも大人気です。リアルで話しているようなスピードでメッセージを交わせる、グループで一斉に会話ができる、無料で通話ができる、「タイムライン」機能でSNSを楽しめるなど、LINEには**子どもも楽しめる魅力的な機能が数多く用意**されています。子どもたちはLINE目的でスマホを欲しがり、スマホを手に入れると真っ先にLINEをインストールして友達たちとアカウントを交換します。

保護者の中には、スマホという大人の目の届かない場所で人とつながるLINEに不安を感じる人も少なくありません。小学生のうちは家族やごく近しい友達だけにつながりを制限しているご家庭も多いのですが、中学生ともなるとクラスや部活でグループを作り、盛んに交流するようになります。「ずっとスマホに向かっている我が子を見るとヤキモキするが、友人関係に多感な年代なので注意しづらい」という声も多く耳にします。

ＬＩＮＥはトークや通話が無料で利用でき、家庭のＷｉ-Ｆｉがあればデータ通信量を気にする必要もありません。中学生以下は自宅での利用が最も多いため、何の気兼ねもなく夜遅くまでＬＩＮＥを楽しむことができてしまうのです。

ＬＩＮＥを使い始めると、最初は友達とトークしたり、スタンプを送り合ったりして遊んでいますが、そのうちにどこからともなく送られてくるのが、チェーンメールです。そう、かつてガラケーのメールで盛んに行われていたチェーンメールが、現在ではＬＩＮＥで行われているのです。

ＬＩＮＥ時代のチェーンメールとは？

少し前にＬＩＮＥで出回ったチェーンメールは、「ＬＩＮＥ本社がチェンメの危険性を確かめるため、どこまで回るのか検証中。20人に回してくれたらLINE本社から1000コインプレゼントされる」という内容です。もちろんLINEがそんな実験をするはずもなく、コインもプレゼントされません。これといった目的はなく、ただ面白がって回すだけのタイプです。ほかにも「ペットの飼い主捜し」など善意に訴えるものや、「○月○日に大地震が起きる」といったデマが拡散されることもあります。

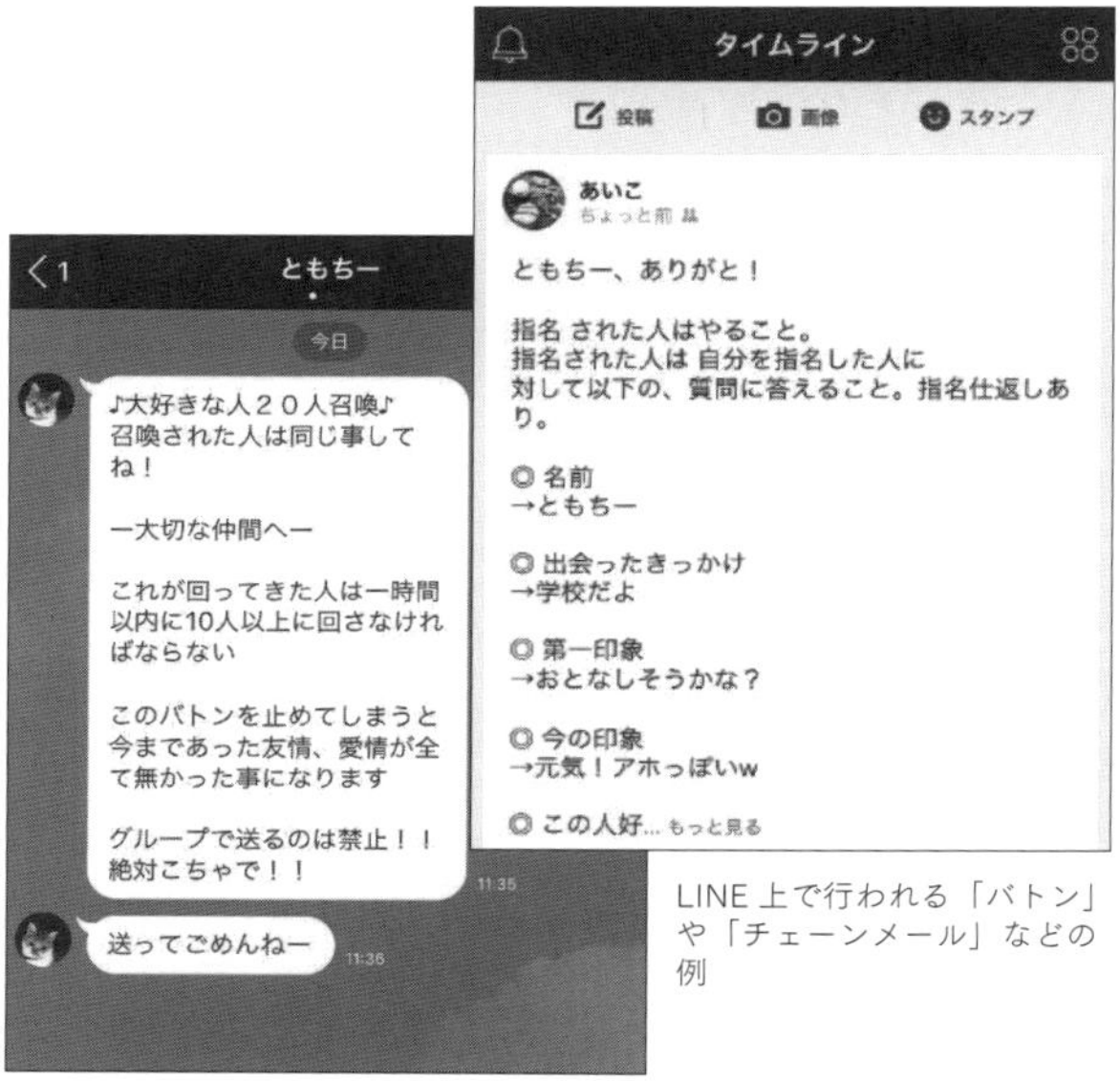

LINE上で行われる「バトン」や「チェーンメール」などの例

やっかいなのが、かつての「不幸の手紙」のようなチェーンメールです。「このメールを受け取った人は私の大切な人です。あなたも本当に好きな人20人に回してください。回さないと友達や恋人が離れていきます」というように、友情を盾に取る内容です。初めて目にした子どもは焦って転送してしまいますが、既にチェーンメールだと分かっている人には迷惑がられ、**それを発端に友情にヒビが入ることも**あるようです。

また、「バトン」も回されます。かつてmixiで体験したことがある方もいるかもしれませんが、質問がテンプレートになっていて、自己紹介や友達の紹介を書き込む遊びです。完成したらタイムラインに投稿、次の回答者を指名して回します。遊びとはいえ、質問によっては学校名やアルバイト先など個人情報が含まれていて、危険を招くかもしれません。子どもとは、「**個人情報をタイムラインに投稿しない**」ことを約束しておくことが大切です。

まとめ

LINEのような新しいサービスでも、昔からある困った遊びが繰り返される。

「自画撮り被害」に潜むネットの闇

中高生たちはTwitterでの気軽な交流を楽しんでいます。リアルな人間関係と結び付かないTwitterであれば、趣味の話題だけで盛り上がったり、架空のキャラクターになりきって遊んだりもできます。友達や家族の悪口も言いたい放題です。

そんな心の隙間に入り込んできたのが、2017年10月に神奈川県座間市で起きた、いわゆる「座間9遺体事件」の犯人です。Twitterなどで「死にたい」とつぶやいている人に目を付け、メッセージを送り少しずつ心を開かせ、「一緒に死のう」と実際に会うことを提案していたそうです。被害者9人のうち8人が女性で、そのうち4人が10代でした。ある報道では、話を聞いてくれる人が欲しかったから彼と親しくなりたかったという人もいたようです。

ネットで出会った知らない人に実際に会うなんて、大人からすれば当然危ないことだと考えます。しかし、最近は大人でもFacebookなどSNSでつながった人と会うことは珍しくなくなっていますよね。会う前に何回かメッセージを交わしているうちに、**なんとなく相手の人格が分かった気がすると警戒しなくなる**ものです。

デジタルアーツが2019年5月に発表した「未成年の携帯電話・スマートフォン利用実態調査」によると、小学校4年生から高校生までの子どもの中でネットで知り合った友達と実際に会ってみたい、または会ったことがある人は53・0%と、**約半数がネットとリアルの境目を特に気にし**

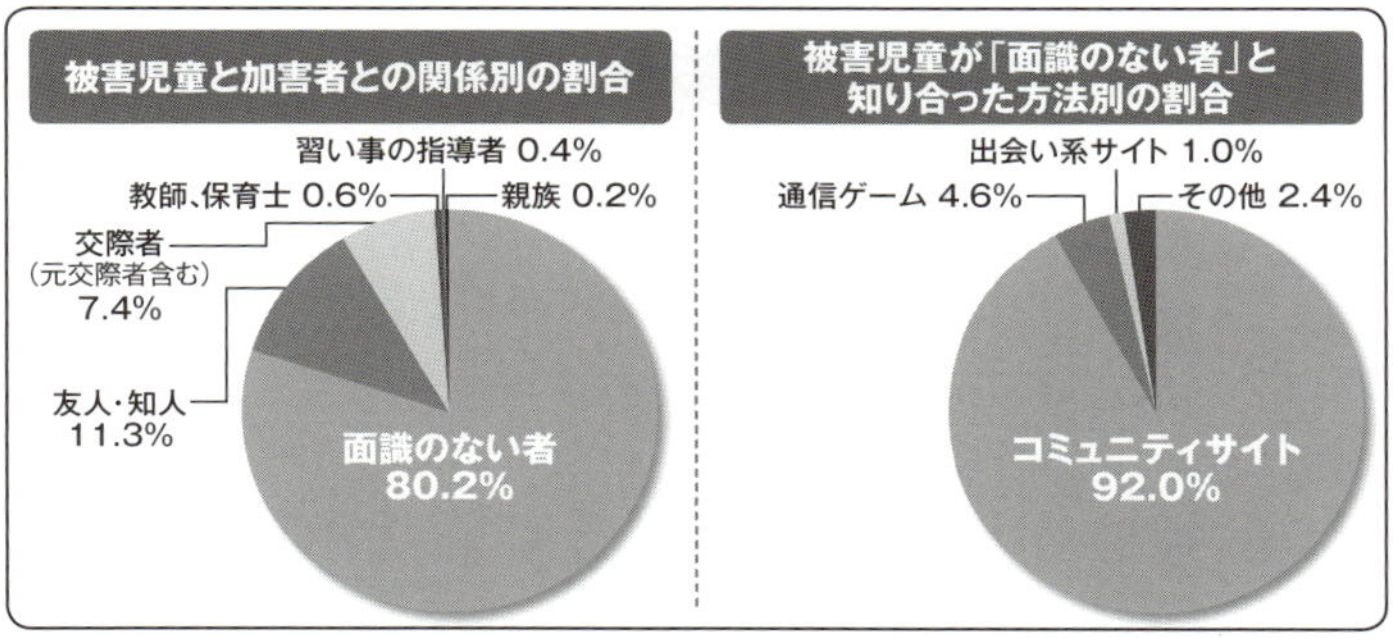

自画撮り被害に遭った児童の8割は面識のない者から、そしてその相手とは9割以上がコミュニティサイトで出会っている（警察庁Webサイトより）

ていないことが分かります。女子高生に絞ると、68・5％の人が実際会ってみたい、または会ったことがあると考えています。

しかし、実際はネットでの立ち居振る舞いはいくらでも偽装できますし、どこかで人物画像を取得すれば性別も年齢も簡単にごまかすことができます。

自画撮り被害に遭う子も多い

「自画撮り被害」という言葉をご存じでしょうか。ＳＮＳで知り合った人に自分の裸の画像を送るよう強制される被害を指します。警察庁が平成29年6月に発表した「児童ポルノ事犯の被害態様別（製造手段別）の割合」によると、自画撮り被害は児童ポルノ事件の約４割を占めています。なぜ面識のない人に裸画像を送るのかと思いますが、大人の巧みな脅しに逆らえなくなってしまうからです。東京都都民安全推進本部のＷｅｂサイトに掲載されている被害事例では、ネットで知り合った女性のふりをした男性に「体の悩みの相談にのるから」と裸画像を送るように言われた、「裸を見せないと殺すよ」と脅迫されたといった事例が紹介されています。裸の写真を送ると今度はその件でゆすられ、強姦被害に遭った女子もいます。こうしたトラブルに陥ったとき、自分にも落ち度があるのではないかと考えて、周囲の大人に相談できないまま、悪化してしまうケースがたくさんあるのです。

前述のデジタルアーツの調査では、**子どもはネットで知り合った人との間に起こる事件は他人事だと捉える傾向がある**ことがデータに表れています。しかし、油断しているといつその矢が自分に刺さるのか分かりません。SNSでの出会いは楽しい面もありますが、事件に発展している事例があることもぜひ伝えてほしいと思います。

まとめ

子どもたちの多くがネットとリアルの境目を気にしていない。だが、SNSを通じた出会いの裏には事件に発展している事例も。

03

Instagramが新たないじめの温床に？

ＳＮＳはＬＩＮＥやＴｗｉｔｔｅｒを中心に使っていた中高生ですが、２０１７年あたりからＩｎｓｔａｇｒａｍの利用時間が長くなっています。すると、かつては聞かれなかったＩｎｓｔａｇｒａｍ上でのいじめ問題が浮上してきました。

２０１８年５月、熊本県の県立高校に通う女子生徒が自殺をした事件がありました。彼女は生前、両親に対し「Ｉｎｓｔａｇｒａｍのフォロワー数や男友達が多いことを妬まれている」と相談していたそうです。**ＳＮＳではフォロワー数やいいね数など、周囲からの人気が数値で可視化されます。**多感な中高生は常に自分と友人の数値を比べ、嫉妬したり落ち込んだりしているのです。

また、その少し前の２０１８年１月には、新潟県の高校で女子生徒が嫌がる男子生徒の顔に生理用品を貼り付けてからかい、その様子をInstagramのストーリーズで公開するという騒ぎもありました。ストーリーズは24時間で自動で消える機能ですが、動画を見たユーザーがTwitterへと転載し、またそれを見た人がYouTubeへ転載することでネット上に拡散しました。その後、いじめの首謀者であった女子生徒は学校名や名前を特定され、ネット上には彼女の喫煙の様子なども暴露される事態に発展しています。

LINEで起きるいじめは、メッセージによる言葉の攻撃、グループメッセージでの無視や仲間はずれなど、メッセージを主体に行われますが、Instagramでは投稿画像への誹謗中傷コメント、画像や動画でのさらし行為などによるいじめがあります。

AIを活用したいじめ対策も始まった

Instagramも嫌がらせやいじめが行われていることは把握しており、いじめに遭った場合には相手のアカウントを「報告」する機能を用意しています。問題があると判断された場合には、アカウントのブロックなどの措置が行われます。

また、10代の子どもを持つ親や保護者に向けて、「保護者のためのInstagramガイド」を提供しています。Instagramの基礎から嫌がらせを受けたときの対策まで記されており、Webサイトからダウンロードすることができます。子どもたちがなぜInstagramに引き付けられるのか、どのようなリスクがあるのか、分かりやすく解説されているのでぜひ一度目を通してみてください。

さらにＩｎｓｔａｇｒａｍは、機能面での対策も講じています。不適切なコメントを自動で非表示にする機能や、特定のユーザーのコメントをブロックする機能が「設定」から利用できます。そして米国時間の２０１８年10月9日には、ＡＩによる機械学習を使って、嫌がらせやいじめに当たる写真やライブ動画を検出する仕組みを導入すると発表しました。いじめに当たる写真は削除され、ライブ動画のいじめコメントもフィルタリングされます。

嫌がらせやいじめは10代のユーザーに限ったことではなく、どの年代のユーザーでも不快になる行為です。判断基準となる言葉や画像は公開されていませんが、自動で検出されることでユーザーが安心して使える環境が整えられていくことを期待します。

まとめ

投稿画像への誹謗中傷コメント、画像や動画でのさらし行為などによるいじめも増えているＩｎｓｔａｇｒａｍだが、対策も進んでいる。

04

スマホルールは家庭に合わせて

親が子どもにスマホを持たせるときは、不安がつきまといます。危ない人に出会うのではないか、SNSでいじめに遭うのではないか、スマホ漬けになってしまうのではないか、などが主な心配事です。

とはいえ、子どもの年齢が上がるにつれ、1人で行動することが多くなり、親も連絡手段としてスマホの必要性を感じ始めます。内閣府が発表した「平成30年度青少年のインターネット利用環境実態調査」によると、スマホを利用する小学生の35・9%、中学生の78・0%、高校生の99・4%が自分専用のスマホを持っているとのこと。中学生から持つ人が多いということが分かります。

スマホを子どもに渡す際に、「インターネット利用上の家庭のルール」を決めている小学生以上の家庭は74・2％。ただし、これは保護者の認識で、ルールがあると考えている子どもは58・8％です。**子どもは厳格に捉えていないことからギャップが生じている**ようです。

「子どものスマホルールを決めよう」という考え方は、「スマホ18の約束」※をきっかけに広まりました。2012年、米国に住むジャネル・ホフマンさんが13歳の息子さんに初めてのiPhoneをプレゼントするときに手渡したルールは、インターネットを通じて全米で反響を呼び、日本でも大いに話題になりました。

「スマホ18の約束」には、「これは私が買った、私の電話です。あなたに貸します」「いつかあなたは失敗するでしょう。そのとき、私はあなたの電話を取り上げます。新たなスタートに向けて私たちは座って話し合いましょうね。私はあなたのチームメートですよ」などの取り決めが18項目挙げられています。**あくまでも親のスマホであり、それを子どもに貸与すること、親がパスワードを含め完全にコントロールすることが明言されている**点が、大人のあるべき姿勢として称賛されたのでしょう。

よく使われるスマホルールの例

ホフマンさんのルールは米国の事情に合わせているため、日本では独自のルールを各自治体や携帯キャリアなどが提案しています。ここでは、よく使われるルールを紹介します。

まず、利用時間について。「夜〇時まで」と決めて、その時間を過ぎたら自室ではなくリビングに置くなど、**物理的にスマホと離れるようにする**ことがお勧めです。また、マナーや言葉遣いも大切です。「人を傷付けるような言葉を使わない」と約束すると、メッセージやSNSでのトラブルを防ぐことができます。「有料コンテンツを購入するときは親に相談する」「知らない人とつながらない」ことも重要です。残念ながらインターネット上には悪意を持った大人がいて、事件や事故に巻き込まれることを説明しておくといいですね。そして、ホフマンさんのルールにもありますが、「スマホのパスワードを報告する」ことなども大切な約束です。

こうしたルールにそれぞれの家庭でアレンジを加え、年齢に合わせて見直していくことも重要です。つい誘惑に負けてルールを破ることもあるので、**ペナルティーも一緒に決めておく**とよいかもしれませんね。

※「スマホ18の約束」(http://www.janellburleyhofmann.com/the-contract/)

まとめ

使い方次第で、便利にも危険なものにもなるスマホ。子どもに与えるときは、本人も納得できるルールを親子で話し合おう。

05

“エアドロ痴漢”にご用心！

女子高生がiPhoneを好きな理由の一つに「AirDropが便利」なことは24ページでも紹介しました。写真や動画を撮りまくる彼女たちは、友人にデータを渡すとき、AirDropを使うからです。毎月、データ通信量が足りなくなる彼女たちにとって、BluetoothとWi-Fiでファイルを送信できるAirDropはとてもありがたい機能ですよね。AirDropは「エアドロ」と呼ばれることから、ある女子高生は「エアドロは神」と言っていました。

そんなAirDropですが、2018年5月ごろから急に悪用され始めました。それが「エアドロ（AirDrop）痴漢」です。

エアドロ痴漢とは、知らない人にAirDropでわいせつな画像を送りつける嫌がらせのことを指します。ＡｉｒＤｒｏｐは画像が送られてくると、その内容がプレビューとして表示されるので、受け取り側はその画像を目にすることになります。画像の保存は拒否できますが、プレビューの確認は避ける方法がないことを利用したいたずらなのです。

さらに、送信してきた人の名前はｉＰｈｏｎｅに設定している名前なので、ほぼ匿名。ＡｉｒＤｒｏｐの通信距離は半径９ｍといわれているので、周囲の誰が送ってきたのかも分かりません。携帯会社の通信回線を使っていないため、通信記録の開示も請求できず、人物の特定は非常に困難です。エアドロ痴漢は混んだ電車内で行われることが多く、相手は急にキョロキョロし出した受信者を見て喜んでいるのでしょう。

ＡｉｒＤｒｏｐの受信設定を変更して防ぐ

エアドロ痴漢は現在でも行われていますが、わいせつな画像を送りつけるだけではなく、かわいい猫やおいしそうな食べ物、お笑い芸人の面白い顔など、ほっこりするような画像で反応を試す方向へと変わってきています。でも、知らない人から急に画像を送りつけられるのは迷惑ですよね。

エアドロ痴漢に遭わないための自衛策としては、ｉＰｈｏｎｅのＡｉｒＤｒｏｐの設定を変更し、知らない人から受信しないようにしておくことです。「設定」の「一般」から「ＡｉｒＤｒｏｐ」を選択し、「連絡先のみ」もしくは「受信しない」にチェックを付けます。今はＬＩＮＥなどのメッセージアプリで連絡が取れるため、「連絡先」に知り合いを登録していない人も多いかと思います。その場合は、受信するときだけ「すべての人」に設定し、用事が済んだら「受信しない」に切り替えます。また、女性の名前をｉＰｈｏｎｅに設定していると狙われやすいとの説もあります。女性は男性名や匿名性の高い名前に変更するのがお勧めです。「設定」の「一般」から「情報」を表示し、「名前」を変更しましょう。

エアドロ痴漢をする人の中にはほんのいたずら心でやっている人もいるかもしれませんが、ＡｉｒＤｒｏｐでわいせつな画像を送り逮捕された事例があります。２０１

8年7月に兵庫県で県迷惑防止条例違反の疑いで31歳の男性が逮捕されました。女性に送りつけた男性の局部の画像が男性のスマホにあったこと、その男性の様子が不審だったので女性が写真に収めていたことから逮捕につながったようです。

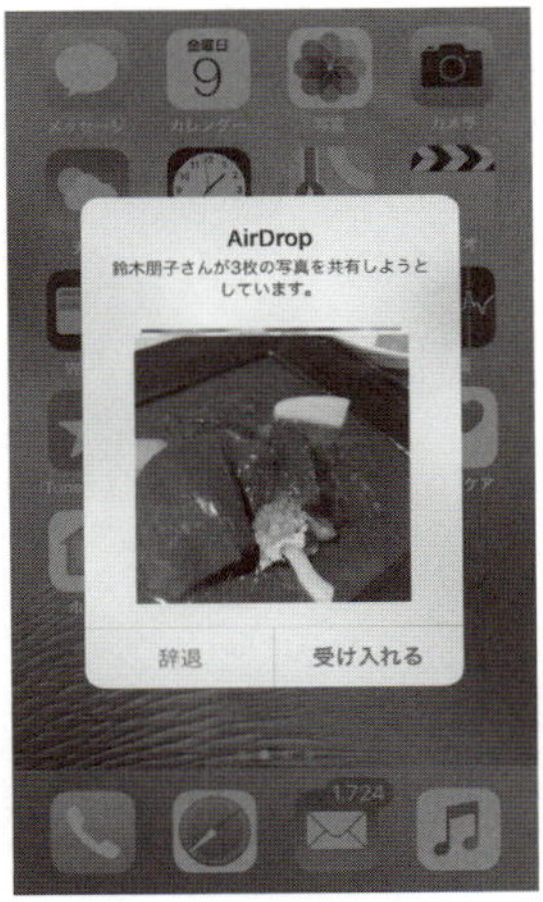

iPhone同士で手軽に写真などを送り合える「AirDrop」。便利な機能だが……

iPhoneならではの標準機能をこんなふうに使うなんて、開発者も想像できなかったでしょう。せっかく便利な機能なので、プラスに使ってほしいですね。

まとめ

iPhoneの便利な機能を逆手に取った「エアドロ痴漢」。相手が見たくないものを勝手に送りつけるのはダメ、絶対。

06

フィルタリングで防げないもの

悲しいことに、現実社会では子どもに見せたくないような残虐な事件や事故が起こります。テレビやラジオなどの大手メディアであれば、放送すべきかどうかを判断してから公開しているため安心ですが、ネットはそうはいきません。誰かが撮影したセンセーショナルな事件の写真や動画は瞬く間に広がり、手元のスマホに表示されます。

2018年、女子高生が電車に飛び込む様子を自らライブ配信したと思われる事件がありました。配信を見ていた人が録画した動画では、女性がホームから線路に向かって歩いて行き、その姿が見えなくなった直後に電車が通過するところで終わっています。

この動画はTwitterに投稿され、急速な勢いで拡散されました。Twitt

ｅｒは設定変更していなければ、動画を自動再生する設定になっています。特に見たいと思っていない人のタイムラインでも、ショッキングなシーンが再生されてしまうのです。若い世代ほど架空の出来事に捉えてしまうのか、同級生のみとつながっている娘のＴｗｉｔｔｅｒにも動画が流れてきたそうです。以前はテロリストによる殺害シーンの動画も拡散され、Ｔｗｉｔｔｅｒが削除に追われました。

警戒すべきアプリはＴｗｉｔｔｅｒだけではありません。最近のアプリは、「アプリ内ブラウザー」という、Ｗｅｂサイトを見られる機能を用意しているものがあります。メッセージでＵＲＬをシェアされると、タップするだけでＷｅｂページを見ることができるのです。いちいちＷｅｂブラウザーに移動するよりも素早く見ることができる便利な機能です。

しかし、子どもを守るという観点からは1つ注意してほしいことがあります。それは、子どものスマホにフィルタリングを設定していても、アプリ内ブラウザーを使う際にはフィルタリングによるブロックがなされないのです。

フィルタリングの仕組み

フィルタリングには、携帯電話会社などが用意している専用ブラウザー「あんしんフィルター」を使っている人が多いでしょう。あんしんフィルターは、年齢にふさわしくないＷｅｂサイトをブロックするため、安心してネットを見ることができます。さらにフィルタリング機能に年齢を設定することで、年齢に合わせたアプリだけを許可することができます。

残虐な映像があるゲームや出会い系アプリなどはもちろんフィルタリングで制限されます。ＬＩＮＥもフィルタリング対象のアプリなのですが、家族との連絡用に許可するご家庭もあるでしょう。そのＬＩＮＥに、例えばアダルトなサイトのリンクが送られてきたら、子どもはタップするだけでアプリ内ブラウザーによりサイトを見ることができてしまいます。ＴｗｉｔｔｅｒやＩｎｓｔａｇｒａｍも、同様にアプリ内ブラウザーでリンク先を見ることができます。

中高生ともなればＳＮＳは必須アプリ。となると、目を覆いたくなる動画やＷｅｂサイトがシェアされてくる可能性もあるということです。やがて大人になることを考えれば、ネットとはそういうものだと認識することも勉強なのですが、保護者としては複雑ですよね。せめて**残虐なコンテンツは周囲のためにもシェアしない**ように教えていきたいものです。

まとめ

子どもに見せたくないネットの情報を遮断しようとしても、普段使いのSNSアプリが思わぬ抜け穴になることがある。

Column4

予想外のトラブルを回避、LINEデビューした子どもを持つ親がすべきこと

子どもがスマートフォンを持つようになり、LINEを使い始めると「ネットいじめの被害者や加害者になりはしないか」「知らない人と出会うのではないか」と、保護者なら誰しも不安を覚えるだろう。実際、予想外のトラブルは次から次へと起こる。

「ママ、こんなメッセージがどんどん来るんだけど、どうしたらいい?」。

これは筆者の娘がLINEデビューした頃の言葉だ。スマホの画面を見ると、つながったばかりの友人から「♪大好きな人20人召還♪召還された人は同じことしてね!」(原文ママ)との書きだしで次のようなメッセージが来ていた。

「大切な仲間へ　これが回って来た人は1時間以内に10人以上に回さなければならない　このバトンを止めてしまうと今まであった友情、愛情がすべてなかったことになります　グループで送るのは禁止!!　絶対こちゃ（筆者注：個人チャット）で!!」というメッセージが続く。

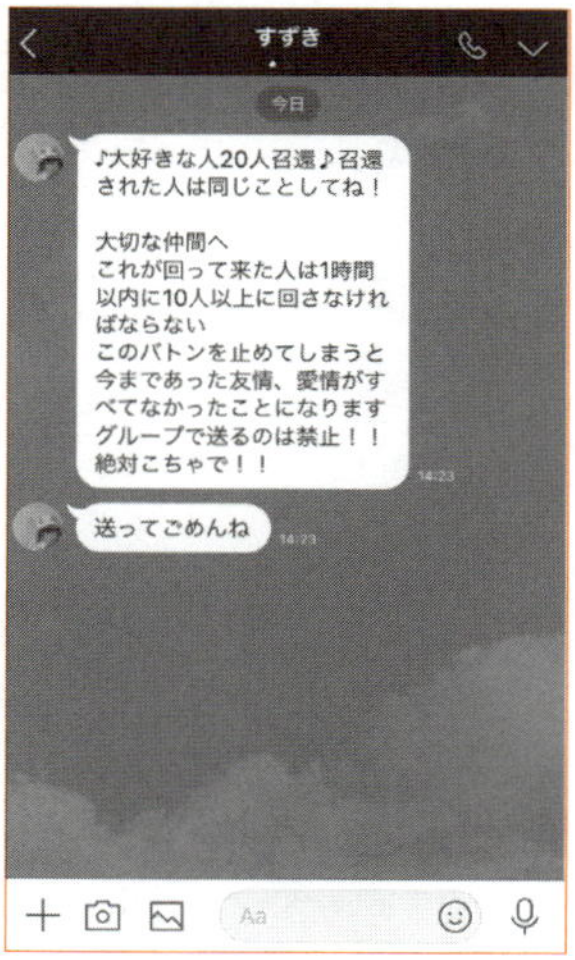

LINEで行われるチェーンメッセージのイメージ（筆者作成）

大人が見れば、このメッセージを回さなくても何も起こらないことはすぐに分かるが、娘の顔は青ざめていた。中学に入学したばかりで、友人関係が何より大事な時期だ。みんなのノリを自分が止めて、友情を失うわけにはいかない。

中学生のスマホに関するリテラシーは、スマホを持ち始めた時期や兄・姉の有無などで大きく異なる。周囲より先にLINEを始めた子はこうしたチェーンメッセージに慣れており、いちいち回す必要はないと分かっている。「止めたら悪いと思って回したら『こういうの迷惑』と言われた……」と娘は落ち込んでいた。

筆者は「こういうメッセージは昔からあるいたずらで、スルーしても何も起こらないよ。もし友達に送らないことを責められたら、親にそう教えてもらったと言いなさい。あと、その子にも送らなくて大丈夫なんだと教えてあげて」とアドバイスした。保護者世代も知っている「不幸の手紙」文化が、手紙からケータイメール、LINEへと形を変えて受け継がれているわけだ。

チェーンメッセージは小さなトラブルにすぎない。子どもがスマホを持ったことでLINEをはじめとするSNSを利用するようになり、犯罪に巻き込まれるケースも起きている。保護者は子どもがスマホを持ち、SNSを始めることでトラブルが起こり得るポイントを押さえ、対処策を考えておく必要がある。

学校生活に必需品となったLINE

今どきの中高生にスマホを持たせずに学校生活を過ごさせるのは難しい。内閣府が2019年3月に発表した「平成30年度青少年のインターネット利用環境実態調査」によると、小学生の35・9%、中学生の78・0%、高校生の99・4%が自分専用のスマホを持っている。

親との共用でスマホを使っている小学生が57・1%と過半数いることから、小学生のうちは親のスマホでアプリやサービスを楽しみ、中学生になってから自分専用のスマホを持つケースが多いことが分かる。部活動や塾などで子どもが1人で夜遅くまで行動する機会が増える、中学生になったタイミングでスマホを持たせる家庭が多いようだ。

そして、相手が家族であれ友人であれ、連絡ツールとして最も使われるアプリといえばLINEだ。LINEデビューをした子どもは、最初は家族でLINEグループを作る。徐々に友人ともアカウントを交換し、「クラスLINE」や「学校LINE」などのLINEグループにも参加するようになる。

	小学生（345人）	中学生（736人）	高校生（843人）
自分専用のものを使っている	35.9%	78.0%	99.4%
親と共用で使っている	57.1%	18.5%	0.2%
親と共用でなく、兄弟・姉妹と共用	5.2%	1.8%	0.2%
その他	1.4%	1.0%	-
わからない	0.3%	0.8%	0.1%

スマートフォンの専用・共用の状況
（出所：内閣府「平成30年度 青少年のインターネット利用環境実態調査」）

最近の学校では、部活のLINEグループが存在する場合も多い。予定や明日持っていく物の連絡などはＬＩＮＥで共有される。ＬＩＮＥを使っていないと友人たちが電話などで連絡する必要がある。面倒なので、ＬＩＮＥを使った方が手っ取り早いと考えるようになる。

友人とメッセージをやり取りし過ぎる

学校生活に必需品となったＬＩＮＥだが、保護者は子どもがＬＩＮＥを使う姿を見ると「大丈夫だろうか」と漠然とした不安を覚えるもの。すぐ目に付くようになるのは「使い過ぎ」だ。学校の友人とＬＩＮＥグループでつながると、当然ながら会話が盛り上がる。

ここ数年は写真共有ＳＮＳ「Ｉｎｓｔａｇｒａｍ」も人気が急上昇している。特に人気があるのが、短い動画や写真を気軽

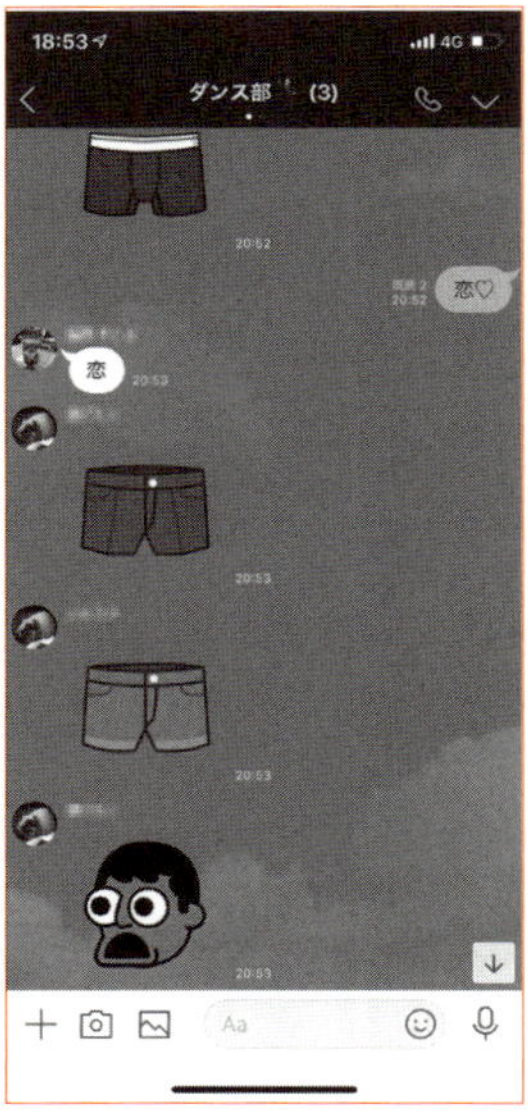

学校の部活などのLINEグループは、会話やスタンプのやり取りで盛り上がる（筆者作成）

にシェアできる「ストーリーズ」という機能だ。コンテンツは投稿してから24時間後に自動消滅するのが特徴で、中高生は日常のたわいもない出来事を共有している。ストーリーズへの投稿をきっかけに、メッセージのやり取りが延々と続くこともある。

LINEであれ、Instagramのストーリーズであれ、自分宛てのメッセージを受け取ったら返信しないと、「既読スルー」「未読スルー」と非難されてしまう。そのため、何となく常にメッセージを交わしている状態になりがちだ。

その状態が複数の友人と続くため、スマホを触っているうちに深夜になる。宿題もスマホを片手に行っていて、時間がかかって終わらない。寝不足で翌朝の目覚めが悪く、学校へ遅刻ギリギリで駆け込む。子どものこんな様子を見ると、保護者が頭を抱えるのも無理はない。

SNSをきっかけに犯罪に巻き込まれる

友人とのトラブルも起こり得る。テキストのメッセージをやり取りするスキルが十分に身に付いていない子どもは、相手を傷付けるような内容を送ってしまう恐れがある。ＳＮＳでのトラブルは、ちょっとした言葉遣いで起こることが多い。これがいじめに発展してしまう可能性もある。

そして、保護者にとって何より怖いのは「犯罪に巻き込まれる」という事態だ。警察庁のＷｅｂサイト「ＳＴＯＰ！ 子供の性被害」に掲載されている「平成30年における子供の性被害の状況」によると、２０１８年にＳＮＳをきっかけに性被害に遭った18歳未満の子どもは全国で１８１１人いる。

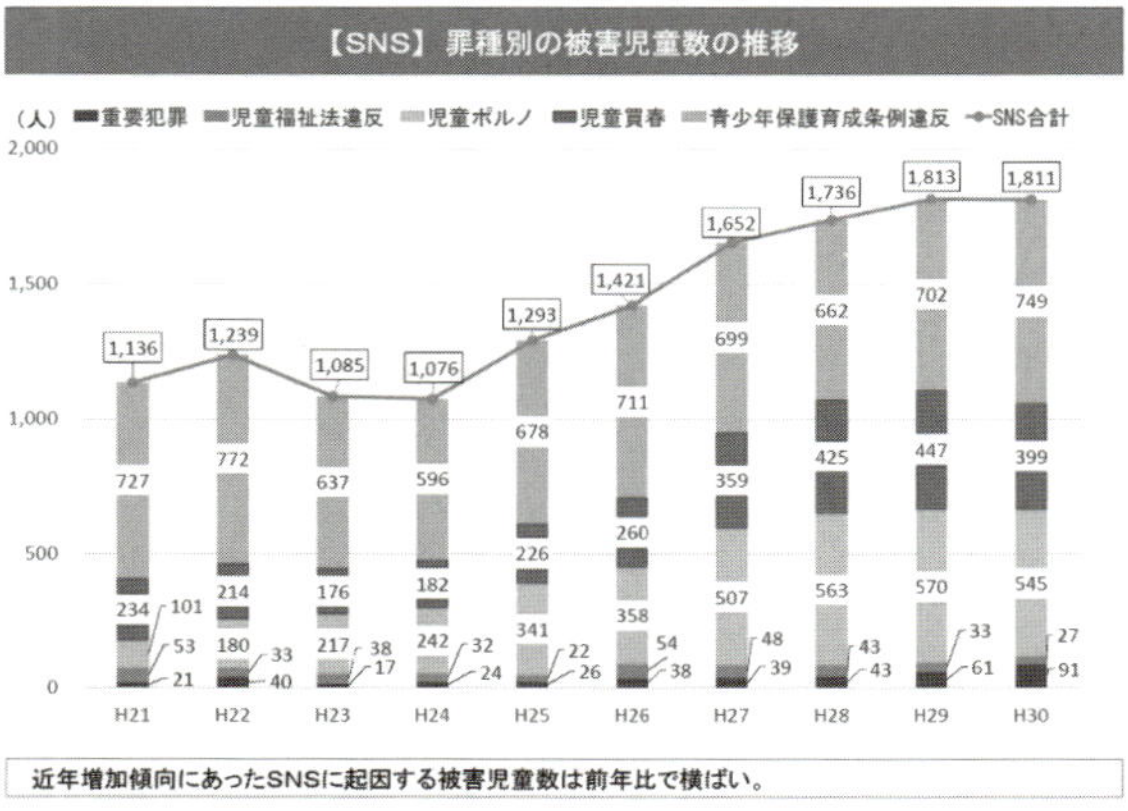

SNS をきっかけに性被害に遭った 18 歳未満の子どもの推移
（出所：警察庁「平成 30 年における子供の性被害の状況」）

ＳＮＳをきっかけに犯罪に巻き込まれる子どもは２０１２年から増加傾向にある。２０１８年は前年より微減したが、依然として深刻な状態が続いている。被害児童数が多いＳＮＳを見ると、Ｔｗｉｔｔｅｒが全体の約４割を占めて７１８

人だった。そのほか、トークアプリの「ひま部（214人）」「マリンチャット（78人）」が増加している。LINEは80人で、前年より25人減っている。

LINEは基本的に、家族や友人だけの閉じた世界でメッセージをやり取りするツールだ。Twitterやトークアプリに比べると、知らない相手にアカウントを知られる機会は少ない。ただ、ゼロというわけではない。友人に誘われたLINEグループのメンバーになり、会ったことがない「友人の友人」との交流がスタートする場合がある。

親子で話し合って利用ルールを決める

保護者が不安になる話ばかりを並べたが、スマホやLINEに一切触れさせないのは考えものだろう。今後、ますますスマホやSNSを活用する機会は増えていく。それらを使いこなす機会を奪う必要はない。

筆者は家庭でスマホとLINEの利用ルールを策定することをお勧めしている。大切なのは、必ず子どもと話し合って決めることだ。スマホを持たせる前に保護者が一方的に決めたルールだと、うまく機能しない。

子どもはスマホを是が非でも欲しい。そのため、スマホを手に入れるまでは、スマホを持ちたい気持ちが優先している。保護者が一方的に決めたルールでも文句を言わずに受け入れがちだ。だが、実際にスマホを使い始めると、必ずルールを破る日が来る。そのとき、「保護者が子どもに押しつけたルール」だと、反発心からルールが形骸化しがちだ。

話し合いをしておけば、子どもがルールを破ったときに「自分（子ども）も一緒に決めたルール」だと思い出させることができる。また、スマホに関しては家族で考える問題だという姿勢も示せる。スマホは親が貸与しているものであり、子どもが勝手に使える所有物ではないという自覚を持たせておくことも大切だ。

以下に、スマホとLINEの利用ルールの例を示す。時間や内容は家庭の考え方や環境によって調整して、オリジナルのルールを作成してもらいたい。すでにスマホを持たせている家庭でも遅くはない。今からでも話し合ってみよう。

- **スマホの利用時間は夜10時までにする**
- **スマホはリビングで使用する**

▶**パスコード**
スマホやタブレット端末のロック画面を解除するための4桁ないし6桁の数字。最近は端末の指紋認証機能や顔認証機能とひも付けられるケースも多い。

- **スマホのパスコードを親と共有し、他の人には教えない**
- **知らない人にLINEのアカウントを教えない。もし知られても会いに行かない**
- **個人情報が分かるような画像、動画をアップしない**
- **有料コンテンツの購入など、お金がかかるときは相談する**
- **人の文章、画像、動画を許可を得ずに使わない**
- **人を傷付けるような言葉を使わない**
- **フィルタリングサービスを使う。外す時期は親と相談する**
- **困ったときはすぐ親に相談する**

話し合いをするには、保護者側にも準備が必要だ。なぜそのルールを守る必要があるのか、ルールを守るには何をすればいいのかが分からないと、ルールの納得感が薄れてしまうし、実効性が乏しくなってしまう。

最も危険なリスクである「犯罪に巻き込まれる」については、犯罪者は子どもの油断を突いてくることをきちんと説明すべきだ。

ほとんどの子どもは、いかにも危ない人にはわざわざ近づいていかない。過去の犯罪例を見ても、犯罪者は年齢や性別を偽って油断させる。同性になりすましたり、同じ年頃になりすましたりするのだ。そして「共通の趣味を持っている」などと言って、優しく話しかけてくる。時には、有料のＬＩＮＥスタンプをプレゼントしてくれることもある。そうやって信頼関係を築いてから、犯罪に及ぶ。

ルールの例にある「知らない人にＬＩＮＥのアカウントを教えない。もし知られても会いに行かない」を徹底するには、こうした背景も子どもにきちんと説明するようにしておきたい。

保護者はフィルタリングサービスの設定を学ぼう

ルールで触れたフィルタリングサービスに実効性を持たせるには、保護者がサービスの内容や使い方を押さえておく必要がある。前出の「平成30年度青少年のインターネット利用環境実態調査」によると、フィルタリングサービスを使っている保護者は36・8％にとどまる。

実は、２０１８年2月に改正された「青少年インターネット環境整備法」で、ユーザーが18歳未満の場合は携帯電話ショップでフィルタリングサービスの設定をしてから渡すことが、携帯電話事業者に義務付けられた。だが、この義務には「保護者が拒否すれば設定する必要はない」という例外がある。フィルタリングサービスが何かよく分からない、使い方がよく分からないといった理由で拒否している保護者が少なくないのかもしれない。

フィルタリングサービスの内容について、サービス提供者に起因する混乱もあった。2019年3月末、モバイルコンテンツ審査・運用監視機構（EMA）の事業終了に伴って、LINEのAndroid端末向けアプリがフィルタリングの制限対象になった。あくまでもEMAの事業終了の影響であり、LINEアプリに問題が起こったわけではない。

前述したように、LINEは学校生活に必須なものになっている。LINEを使うため、フィルタリングサービスごと外してしまう家庭もあったと考えられる。個別にアプリを許

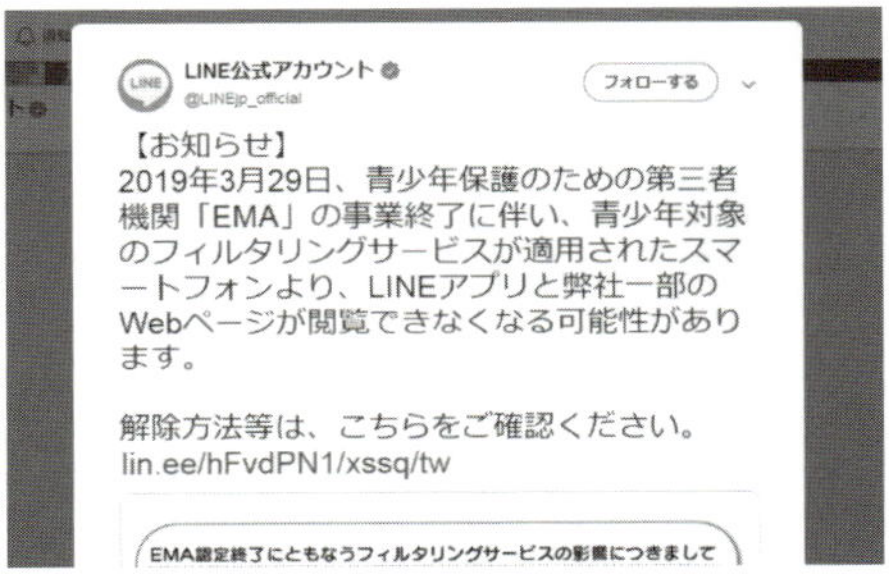

LINEの公式Twitterに掲載されたお知らせ
（出所：LINE）

可することも可能だが、保護者が管理画面で設定する必要がある。

現状、フィルタリングサービスを使いこなすには、保護者に設定画面を操作するITリテラシーが求められる状態になっている。サービス側の問題もあると思うが、子どもを守るにはそうも言っていられない。保護者がフィルタリングサービスの設定方法を学習した方がいい。

また、保護者がお手本にならないとルールの説得力がなくなる。保護者が深夜までスマホをいじっているようでは、子どもに夜10時以降のスマホの利用を禁止するルールを守らせるのは難しい。保護者自身のスマホの使い方も、使い過ぎ予防機能などを使って見直そう。

何かあったとき、保護者が最初の相談窓口になれた方がいい。そのとき、保護者が用語や機能を理解できないと、子どもからすると相談しづらい。保護者もLINEを使ったり、子どもに人気のアプリやサービスを少し触ってみたりしておくと、子どもの悩みを理解しやすくなるだろう。

Part 5

意外にしっかり？大人も顔負けな中高生のおサイフ事情

親からのお小遣いが主たる収入源の中高生の場合、当然ながら消費行動にもさまざまな制約がある。だが、そこはしたたかなスマホネイティブ世代。賢い節約術に長けているだけでなく、新しいサービスへの適応力も抜群だ。

01

メルカリが若者に人気なワケ

「若者の○○離れ」といった言葉に代表されるように、今の若い人たちは消費行動が少ないといわれます。カルチュア・コンビニエンス・クラブが2019年1月に公表した「若者のライフスタイルに関するアンケート調査」でも、18〜24歳の男女が「いま悩んでいること」の1位は「お金のこと（49・0％）」としています。希望の職に就けず、収入も上がらない人が増えているため、不安を抱くのも無理はありません。

そんな彼ら・彼女らの味方はスマホです。アプリのクーポンを入手したり、最も交通費のかからない経路を検索したり。また、ネットで買い物をすれば、いくつかのサイトで価格を比較してから、最も安い店舗で購入することができます。ただ、ネットショッピングでは、実物を見ることができません。そのため、**既に購入した人たちのクチコミを信用**します。

また、若い世代は検索サイトを使わず、SNSで情報を集めます。Instagramでは「インフルエンサー」と呼ばれる、フォロワーの多い人たちが商品を紹介していますが、若い人たちにとっては**公式サイトの情報よりもインフルエンサーによるクチコミの方が説得力がある**のです。

メルカリで商品を売買

また、堅実な消費行動の一つとして、中古商品の購入が上げられます。フリマアプリ「メルカリ」は、ネットを通じて商品を売り買いできるサービスですが、高校生でも日常的に活用しています。似たようなサービスに「ヤフオク!」がありますが、こちらは18歳未満は出品できないため、**未成年でも親権者の同意があれば利用できるメルカリへ人気が集中している**のです。

メルカリでは、使いかけの化粧品や試供品なども飛ぶように売れています。ある女子高生は、誰かが使った口紅でも唇に触れた部分だけ切り取れば全く気にせず使えると言っていました。お小遣いかアルバイト代でやりくりしている女子高生は、「デパコス」と呼ばれる、デパートで販売されるような一流ブランドの化粧品が手に入るなら、中古品でもかまわないのです。

また、メルカリの魅力はクチコミと似たやり取りにもあるそうです。メルカリでは出品者に質問をすることができます。「このマニキュアはラメが入っていますか」など、気軽に問い合わせできるのです。商品の情報を自分でチェックするよりも、元の所有者に聞いた方が確実な返答を得られます。洋服に関しても、モデルではない一般の人が試着し

た画像が掲載されていることもあり、着用イメージが湧きやすいというメリットもあります。

メルカリによると、今の消費者は売ることを前提として商品を購入する傾向があるそうです。高く売れると分かっている商品なら、試しに買ってみて、気に入らなければ売る。そうすれば、大した出費にはなりません。ITを駆使しつつ、賢い消費行動を取る若者に、私たちが学ぶことは多そうです。

まとめ

若い世代は検索サイトを使わず、SNSで情報を集める。企業の公式サイトよりもクチコミの方に説得力を感じる傾向が強い。

02

スマホでポイントやクーポンをゲットする

何万円もするスマホを持っている中高生ですが、お金に関しては今の大人世代が子どもだった頃とそう変わりません。**中学生は親からもらうお小遣いがメインで、高校生はお小遣いとアルバイトが収入源**です。

テスティー※が2018年12月に公表した「中高生のお小遣い事情に関する調査」では、「ひと月にもらうお小遣い」として中学生で最も多い額が1000～3000円未満、高校生では3000～5000円未満でした。高校生の19・2%がアルバイトをしており、月に3万円未満の収入を得ている人が65・5%とのこと。とはいえ、アルバイト収入は、部活や塾の頻度で勤務日数が異なるので、大きく金額に差が出ていることが推測されます。

さて、こうしたお小遣いを中高生は何に使っているのでしょうか。以前取材した女子高生は、「放課後に友人と遊ぶと、タピ行ってプリ撮ったりする」と言っていました。解説しますと、「タピ」は「タピオカミルクティー」というモチモチしたデンプン（タピオカ）の粒が入っているドリンクのことです。今若者を中心に大人気で、テイクアウト店舗の前には行列ができています。「プリ」は「プリクラ」のこと。自撮りアプリが無料で使えるにもかかわらず、彼女たちは定期的に有料のプリクラを撮り、ＳＮＳにアップしています。

タピオカミルクティーは1杯400〜600円前後です。プリクラはほぼ400円なので、2人で撮れば200円ずつで割り勘します。つまり、**友人と軽く遊ぶと1回600円以上はかかる**わけです。中高生のお小遣いをざっくり3000円としても、月に5回しか遊べません。もちろん、実際はお小遣いで雑貨や化粧品なども買うため、全部遊び代にはつぎ込めません。節約が重要なポイントになっています。

スマホを駆使してお小遣いを節約

幸い、スマホを駆使すれば、飲食関係のクーポンが手に入ります。中高生は公式のクーポンアプリを使ったり、ＬＩＮＥで公式アカウントとつながりクーポンを入手したりしています。お小遣いが残り少ないときは、ファストフード店でクーポンを使ってお茶することができるのです。

ポイント集めも重要です。ＬＩＮＥで必須ともいえる「スタンプ」ですが、中高生が好きなキャラクターのスタンプは有料のものが多いため、中高生は「ＬＩＮＥポイント」をためて、スタンプと引き換えます。

ＬＩＮＥポイントはアンケートに答えて3ポイント、ＣＭ映像を見て2ポイントなどのメニューがあります。時間はたっぷりある中高生はコツコツとためていきます。

スタンプは「ＬＩＮＥコイン」にポイントを換算して購入するのですが、２ポイント＝１コインなので、１００コインのスタンプを買うなら２００ポイント必要になります。１つのスタンプを買うだけでも、気が遠くなりますね。

また、高校生以上になると無料で髪を切ってもらえるカットモデルのマッチングアプリや、個人輸入ができるショッピングサイトもためらうことなく利用しています。前項で触れたフリマアプリを利用している高校生もいます。**節約情報は友人と共有し、賢くやりくりしている**のです。

※テスティー（https://lab.testee.co/teens-money）

まとめ

お小遣いでやりくりするのが基本の中高生。楽しいことやかわいいものは大好きだけど、消費行動の基本は「節約」。

03

10代のキャッシュレス事情

ＱＲコード／バーコード決済サービス「ＰａｙＰａｙ」が２０１８年12月に行った１００億円還元キャンペーン（第１弾）は、まさに狂想曲といった盛り上がりを見せました。もしかすると、これを機に初めてスマホ決済を利用した人もいるかもしれませんね。

スマホ決済とは、スマホを読み取り端末にかざす、またはＱＲコードやバーコードを読み取ることで決済する仕組みです。あらかじめチャージしておく「プリペイド」、即時払いする「リアルタイムペイ」、クレジットカードのように後払いする「ポストペイ」があります。

日本はスマホ決済を含む「キャッシュレス決済」比率が諸外国よりも低く、２０１

5年時点で18・4％（平成30年4月「キャッシュレス・ビジョン」経済産業省）となっています。そんな中、消費税率10％への引き上げに合わせて、政府は2019年10月から期間限定でキャッシュレス決済を行った消費者に対し、最大5％分のポイントを国の予算から還元する施策の導入を決めました。いよいよキャッシュレス決済の波が来るのでしょうか。

10代女子は前向きに利用

さて、スマホを使いこなし、堅実な消費生活を行う女子高生たちは、キャッシュレス決済を利用しているのでしょうか。「プリキャンティーンズラボ by GMO」が2019年2月に発表した「決済手段とキャッシュレス事情に関する調査」では、**7割以上の10代女子が「キャッシュレス」という言葉を知っていました。**

では実際に利用している人はどれぐらいいるのでしょう。同調査によると、「Suica」や「ICOCA」など交通系電子マネーの利用経験が最も多く52・9％、続

いて「ｎａｎａｃｏ（25・2％）」「ＷＡＯＮ（23・1％）」といった流通系電子マネーが並んでいます。調査では**約8割の10代女子が何らかのキャッシュレス決済を利用した経験がある**との結果が出ていました。

ある女子中学生は、塾で飲み物を買うときＳｕｉｃａで決済すると言っていました。現金を持って学校に行けないため、学校帰りに直接塾へ行くときにＳｕｉｃａが便利なのです。交通系電子マネーは電車やバスに乗るときにも使うため、**若い世代が最も早く手にする電子マネーカードなのかも**しれません。

とはいえ、10代はまだクレジットカードが使えないため、ほぼ現金で生活しています。同調査でも、オンラインショッピングを除く決済では、8割を超える人が「現金払い」を選択しています。現金が使えないLINEスタンプの購入はプリペイドカードをコンビニで買い、オンラインショップでの決済も「コンビニ払い」を多用します。ネットでCDやアーティストグッズを買うという女子高生は、「親に頼んで買ってもらって、支払いは親のクレカ。私のお小遣いから天引きされるの」と言っていました。

10代の子どもを持つの親は、オンラインショップでクレジットカードを使用することに抵抗がない世代です。デバイスはパソコンからスマホへと変わりつつありますが、積極的にeコマースを利用しているため、10代の若者も自然にキャッシュレスを受け入れているのでしょう。

まとめ

スマホを使ったキャッシュレス決済サービスの存在は知っていても、10代では、まだまだ現金派が多数を占める。

04

有料コンテンツ購入やアプリ課金はしてる？

大人にはあまり知られていませんが、若い世代から根強い支持を集めているアプリがあります。それは、海外製の無料音楽アプリです。著作権違反やアプリの利用権限の問題なども指摘されており、同種のアプリが出てはストアから削除されるいたちごっこが続いています。そのたびにユーザーは名前の変わったアプリを追いかけてインストールしており、常に無料アプリのランキング上位に入っています。

なぜ人気かといえば、まず無料で音楽が聴けること。主に違法アップロードされた音楽をアプリから視聴する仕組みなのです。そして音楽のダウンロードが可能なこと。通信量の節約が重要な高校生にはありがたい機能です。また、若者が大好きなＹｏｕＴｕｂｅは音楽の視聴にもよく使われているのですが、無料での音楽視聴は画面を開きっぱなしにしなければなりません。それではバッテリー消費が早まりますし、スマホでほかのことができなくなります。ところが、**無料音楽アプリはバックグラウンド再生が可能**なのです。

ただし、若い世代にも「**このアプリは違法**」という認識はあり、**自分が応援しているアーティストの楽曲は購入**しています。また、サブスクリプション方式の音楽サービスがいくつも普及してきており、無料で楽しめる範囲が広がったため、少しずつ状況は変わっていくかもしれません。

有料コンテンツの購入は音楽以外でも厳しいようです。ＭＭＤ研究所が２０１８年11月に発表した「中高生のデジタルコンテンツの利用と消費調査」によると、無料で利用しているデジタルコンテンツが有料化した場合、83・２％が「他の無料のコンテンツを探す」と答えています。同調査では、電子マネーや現金で有料デジタルコンテンツを購入したことがある中高生は14・0％にとどまっています。やはり、自由になるお金が少ない中高生は、**なるべく無料のサービスで乗り切りたい**気持ちがあるのでしょう。

実は大人も有料での利用には足踏み

アプリ内課金について、ゲームにハマって課金している女子高生に会って聞いたことがあります。彼女はアルバイト代をゲームのアイテム購入につぎ込み、「お金が全然ない」と言っていました。彼女がのめり込んでいるゲームはイケメンを育成するシミュレーションゲームです。親にはゲーム課金をしていることは内緒だそうです。もともとゲームが好きで、ゲームセンターで遊ぶこともあったので、ゲームにお金をかけることに抵抗を感じていないそうです。

では中高生以外の世代は、有料コンテンツ購入やアプリ内課金はしているのでしょうか。ヴァリューズが2018年7月に発表した「アプリ内課金実態調査」によると、アプリ内課金を行っているのは全体の32・5%。**上位を占めたジャンルは、男女とも電子書籍アプリ**でした。この調査は20歳から60歳以上までを対象としていますが、購入していない人の方が大多数です。世代を超えて、有料コンテンツやアプリ内課金へのハードルは高めといえそうです。

まとめ

タダで音楽が聴けるアプリが若者に大人気。違法アプリと薄々気が付いていても、背に腹はかえられない?

05

マンガアプリで試し読みする10代

2017年12月、とあるツイートが話題になりました。それは、違法サイト「漫画村」が小中学生の間ではやっているという内容です。漫画村とは、誰かによってネットにアップロードされたマンガの画像データを集めて、閲覧しやすいように公開していたサイトで、無料でマンガが読めることから多くの人に利用されていました。その月間利用者数は約9800万人を超えていたとの説もあります。国会やニュースに取り上げられ、逮捕者も出たことで騒ぎになり、現在は接続できない状態になっています。

では実際に、漫画村は若者を中心に利用されていたのでしょうか。そうした統計は見当たりませんが、違法音楽アプリを積極的に利用してしまう世代なので、漫画村にもアクセスしていたでしょう。とはいえ、この人数であれば、相当数の大人も利用していたことが考えられます。

ある女子高生グループをインタビューしたとき、彼女たちに人気のマンガアプリは「LINEマンガ」でした。LINEマンガはLINEグループが運営する配信アプリです。講談社や小学館、集英社など大手出版社の作品やオリジナル作品が、38万冊以上配信されています。23時間ごとに無料で1話ずつ読める「無料連載」も約2000作品が提供されています（2019年4月時点）。その豊富な作品数だけでなく、**マンガを購入するとLINEスタンプが特典として付いてくる**「スタンプ付き作品」があることも特徴です。好きなキャラクターのスタンプが手に入るなんて、うれしいですよね。

気に入ったら書籍を購入

LINEマンガ以外に利用されているマンガアプリは何でしょうか。テスティーの「それちょう」が2019年1月に発表した調査によると、10代男女の「一番オススメのマンガアプリ」は、男性の1位が「マンガワン」（小学館）、2位が「ＬＩＮＥマンガ」（ＬＩＮＥ）、3位が「マンガボックス」（ＤｅＮＡ）とのこと。一方、女性は1位が「ＬＩＮＥマンガ」（ＬＩＮＥ）、2位が「ピッコマ」（カカオジャパン）、3位が「ｃｏｍｉｃｏ」（ＮＨＮ ｃｏｍｉｃｏ）となっています。ＬＩＮＥマンガは男女ともに人気ですが、それ以外が異なるのは配信されている作品の種類によるところが大きいと考えられます。また、同調査によると複数のマンガアプリを使っている人も多いとのことです。

このデータで興味深いのは、マンガアプリで読んだマンガを書籍版で購入したかの問いに、**10代男女の約44%が購入経験が「ある」と答えている**ことです。書店で「立

ち読み」した後に本を購入する行動パターンは、今やマンガアプリで「試し読み」をした後に購入するように移り変わったと言えますね。

私の取材でも、「マンガアプリで無料の第1巻を読んで、気に入ったら紙の本を買う」という女子高生がいました。**好きなマンガや作家の本は、モノとして持ちたい**のだそうです。とはいえ、自由になるお金が少ない彼女たちは全て新品を購入することは難しく、古本ショップもよく利用すると言っていました。

時にはグレーな方法でマンガを楽しんでいる若者ですが、本当に欲しい作品は購入して大切にしている実態にはホッとさせられますね。

まとめ

今やマンガもスマホの画面で読む時代。「なるべくならお金をかけずに読みたい」というのがティーンの本音だが、好きな本は購入も。

06

スマホにまつわる出費は親任せ

電車内や街中で、画面が割れたままのスマホを使っている人をよく見かけます。特に女子高生に多いとの噂があったので、画面が割れている女子高生に取材したことがありあます。彼女のiPhoneは上部のインカメラの辺りが粉々に割れていましたが、画面そのものは割れておらず、操作に問題はないから修理の予定はないと言っていました。

彼女は自撮りが大好きで暇さえあれば自撮りする日々を送っているため、「(片手でiPhoneを掲げて)写りの良い角度を探しているうちに、手から落ちちゃう」のだと言います。「あと、授業中にポケットから出して机の下でこっそり見ていると落としたり……」と話してくれました。

操作に問題ないとはいえ、修理しないままでいると、水やホコリなどの要因で本格的に故障してしまいます。そう話してみたところ、「でも何度も割ってるから、親がお金出してくれない」とのこと。無理して修理を頼んで親のご機嫌を損ねるよりも、**時期を見て最新機種への機種変更をねだる**のだそうです。

今の高校生は、小学生でキッズケータイを持ち、ガラケーを経て、スマホを使っている人がほとんどです。キッズケータイは位置情報検索も重要な機能の一つですが、親と同じ携帯会社でないと、子どもの位置を検索できない会社もあります。家族割などの割引サービスもあることから、親と同じ携帯会社にそろえることになります。となると、当然端末代金も親の支払いになり、そのまま親が支払うことになるのです。

写真はバックアップしないのがイマドキの流儀

女子高生に限らずですが、iPhoneユーザーによく聞かれる悩みに、「iCloudの空き容量が不足している」とアラートが出るけれどどうしたらいいのか、があります。ストレージ増量の有料プランにしてバックアップすれば、アラートは消えますが、お金がかかりますよね。

サブスクリプション方式のサービスが増えてきたとはいえ、まだ毎月課金することに二の足を踏む人も少なくありません。毎日何枚も写真を撮る10代のためにiCloudを契約してあげるなんて、親にとっては気が進まないことでしょう。

かといって、10代が自分たちのお小遣いやアルバイト代からプリペイドカードなどを購入して、iCloudに写真をバックアップすることはしません。**写真は常に持ち歩きたい**ので、パソコンに保存してスマホのストレージを空けることにも興味がありません。**過去には執着せず、消えたときは諦める**という思考は、若者ならでは

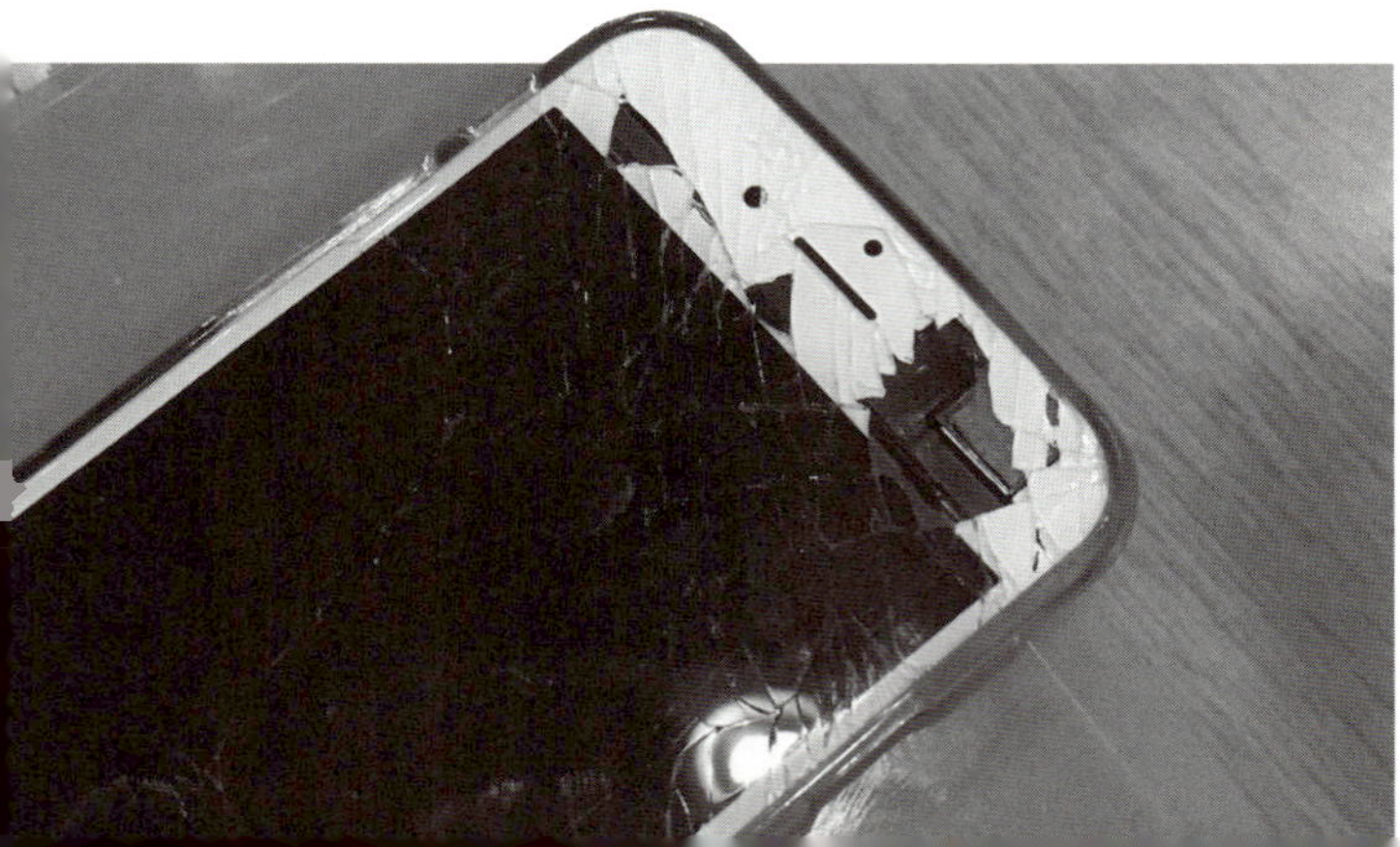

かもしれませんね。

ちなみに、スマホの料金を自分で支払う人は、大学生ぐらいから徐々に増えてきます。端末の代金も同様です。先日会った20代前半の女性は、就職を機に自分でスマホの料金を管理するようになり、それまで契約していた携帯会社を解約してMVNO（仮想移動体通信事業者）のSIMに移行、iPhoneは中古ショップで購入していると言っていました。**自分で支払いを行うとなれば、最新機種を諦めたり、通信量を節約して料金を抑えたりと、知恵を絞るようになる**のですね。

まとめ

派手に割れたままのスマホの画面。なぜ、そのままにしておくのかと訝る人もいるが、いちいち出費していられない親の事情もある。

07

ＬＩＮＥ Payから見る20代のキャッシュレス化

ＬＩＮＥが２０１９年5月20日に開始した「ＬＩＮＥ Ｐａｙ」のキャンペーン「祝！ 令和全員にあげちゃう３００億円祭」には参加しましたか？ ＬＩＮＥの「友だち」に１０００円相当のＬＩＮＥ Ｐａｙボーナスをプレゼントでき、抽選で１００万円分のＬＩＮＥ Ｐａｙボーナスが当たるという施策だったのですが、事情をよく知らないままボーナスを受け取った人が「詐欺なのではないか」と怪しむなど、賛否両論のキャンペーンだったようです。

今回のキャンペーンで１０００円分のボーナスを受け取るためには、ＬＩＮＥ Ｐａｙへの登録と本人確認が必要でしたが、本人確認は銀行口座登録か、写真付きの身分証画像を送信する必要がありました。さらに、日がたつにつれ本人確認が遅延するようになり、銀行口座登録の一部を停止、身分証での認証も郵送のみに限定するなど、混乱続きのキャンペーンとなりました。

ところで、LINE Payに関してはキャンペーンの前にある調査が行われました。テスティーの「LINE Payに関する調査レポート」（2019年5月21日発表）によると、その利用率は男性26・3％、女性18・8％とのこと。LINE Pay以外のQR／バーコード決済サービスの利用率が、男性68・0％、女性48・9％なのに比べると低めですね。ちなみに、キャンペーンに参加するために利用し始めた人は男女とも3割以上いるので、実際に参加してボーナスのプレゼントを受け取ったかどうかは分かりませんが、認知度向上も含めて一定の効果があったと言えそうです。

総額300億円分のLINE Payボーナスをプレゼントするという触れ込みで注目を集めた

一番人気は交通系ICカード

さて、151〜152ページで10代女子の7割以上が「キャッシュレス」の言葉を知っており、約8割が何らかのキャッシュレス決済を利用したことがあるとお伝えしました。とはいえ、**日常生活では10代女子はほぼ現金で決済**しています。

では20代ではどうでしょうか。2019年2月にテスティーとCNET Japanが共同で調査した「キャッシュレス化」に関するレポートによると、スマホ決済で最も利用されているのは、交通系ICカードで6割超でした。調査会社は異なりますが、10代女子が約5割との結果（151ページ参照）と比較すると、あまり変わりはないようです。20代は現金以外の決済にクレジットカードを使うことも多く、前述のレポートによると**「電子マネーを利用したいと思う金額」は「1000円未満」**と回答した人が男女ともに最も多かったとのこと。少額の買い物に使いたい感覚は、大人と同じかもしれません。

2019年のゴールデンウィークには「キャッシュレス・ウィーク」と称したキャンペーンが展開されるなど、インバウンド需要も含めて国はキャッシュレス化を推進しています。経済産業省の「キャッシュレス・ビジョン」に掲載されている「各国のキャッシュレス決済比率の状況（2015年）」によると、キャッシュレス化が進展している国での普及率はほぼ40〜60%台にもかかわらず、日本は18・4%にとどまっています。ちなみに1位は韓国で89・1%。クレジットカードの利用促進施策が効いたとのこと。一方、日本でキャッシュレス支払いが普及しない背景は、治安の良さや現金への信頼などが挙げられています。これから日本のキャッシュレス化が進んでいくのか、注目です。

まとめ

派手な還元キャンペーンで注目を集めたスマホのキャッシュレス決済サービスだが、多くの10代にとってはまだまだ遠い存在。

Column5

夏休みに増える子どもだけの外出、居場所をスマホで知る方法は？

小・中・高校の夏休み。はしゃぐ子どもの傍らで、多くの親は安全確保に頭を悩ませる。夏休みは子どもが外出する機会が増える上に、普段より活動範囲が広がる。連絡無しに遅くまで帰ってこないと親は不安になる。夏休みは１人で留守番をさせるケースも増え、勝手に出歩かないか不安も生まれる。

スマホをうまく活用すれば、子どもの居場所を簡単に把握して安全確保に役立てられる。今回は子どもにスマホを持たせているケースとそうでないケースで分け、親のスマホを使って子どもの居場所を知る方法を紹介しよう。

グーグルやアップルが無償の見守りサービスを提供

子どもにスマホを持たせている場合は、米グーグルのＡｎｄｒｏｉｄや米アップルのｉＯＳが備える無償の見守りサービスを利用すればいい。子どもが使うス

▶Google アカウント
Gmail や Google マップ、Google ドライブ、YouTube といった米グーグルが提供するさまざまなサービスを使用するためのアカウント。

マホがＡｎｄｒｏｉｄの場合は「Ｇｏｏｇｌｅファミリーリンク」、ｉＰｈｏｎｅであれば「ファミリー共有」だ。どちらも子どもの居場所を把握できる。

ただし、親が使うスマホとの組み合わせには注意が必要だ。子どもの端末がＡｎｄｒｏｉｄの場合、Ｇｏｏｇｌｅファミリーリンクを使うことになるが、ここでは、親のスマホはＡｎｄｒｏｉｄでもｉＰｈｏｎｅのどちらでもよい。一方、ファミリー共有は親子ともにｉＰｈｏｎｅでなければならない。子どものスマホがｉＰｈｏｎｅ、親がＡｎｄｒｏｉｄという組み合わせだと、Ｇｏｏｇｌｅファミリーリンクとファミリー共有のどちらも利用できない。

こうしたケースでは、米Ｌｉｆｅ３６０の「Ｌｉｆｅ３６０」のような子どもの居場所把握に特化したアプリを使うと、Ｇｏｏｇｌｅファミリーリンクやファミリー共有と同じように親と子どもで位置情報を共有できる。

ＧｏｏｇｌｅファミリーリンクはＧｏｏｇｌｅマップと連携可能

Ｇｏｏｇｌｅファミリーリンクとは、親の**Ｇｏｏｇｌｅアカウント**と子どものＧｏｏｇｌｅアカウントをひも付け、親が子どものスマホを管理できるサービスだ。企業のシステム管理者と一般ユーザーの関係をイメージすると分かりやすい。子どものアプリのインストールを許可制にしたり、子どものスマホ利用状況を親が把握したりとさまざまな管理ができる。

利用には、親子ともにGoogleアカウントを持っている必要がある。13歳未満は自分ではGoogleアカウントを作成できないが、親がGoogleファミリーリンクアプリを使うと子ども用Googleアカウントを作成できる。子どもが13歳以上の場合は、親のGoogleファミリーリンクアプリ上で子どもが作成したGoogleアカウントを指定して、管理対象をしてよいかの許可を求めるメッセージを送る。

管理機能の一つに、子どもの居場所の把握がある。親がGoogleファミリーリンクのア

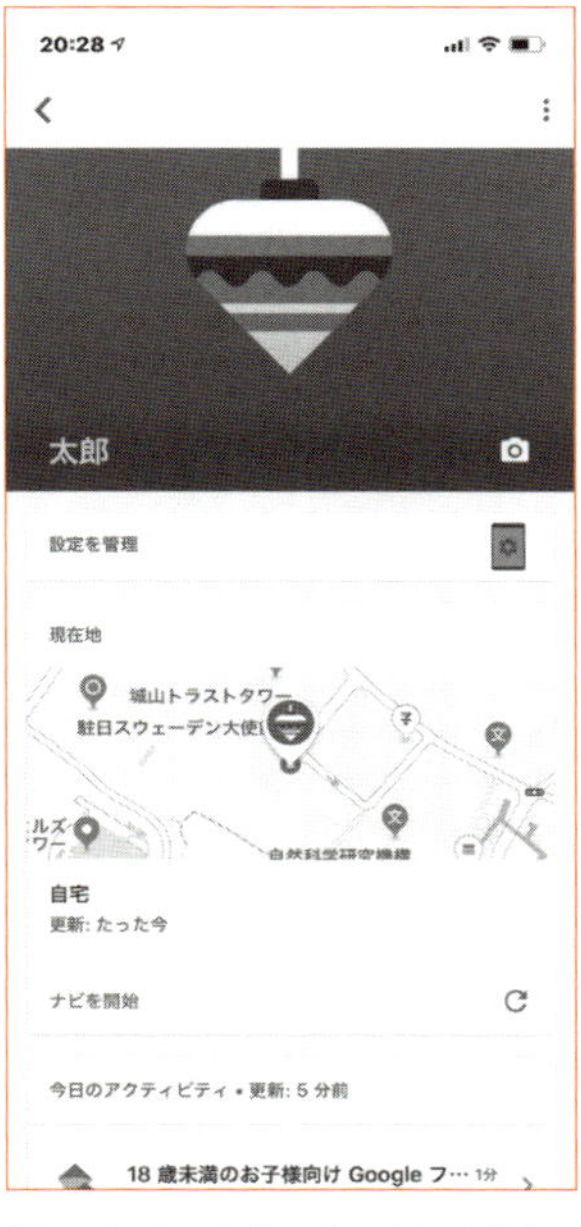

「Google ファミリーリンク」で子どもの居場所を確認

プリを開くと、子どもの位置をプロットした地図と、位置情報を取得した時間が表示される。

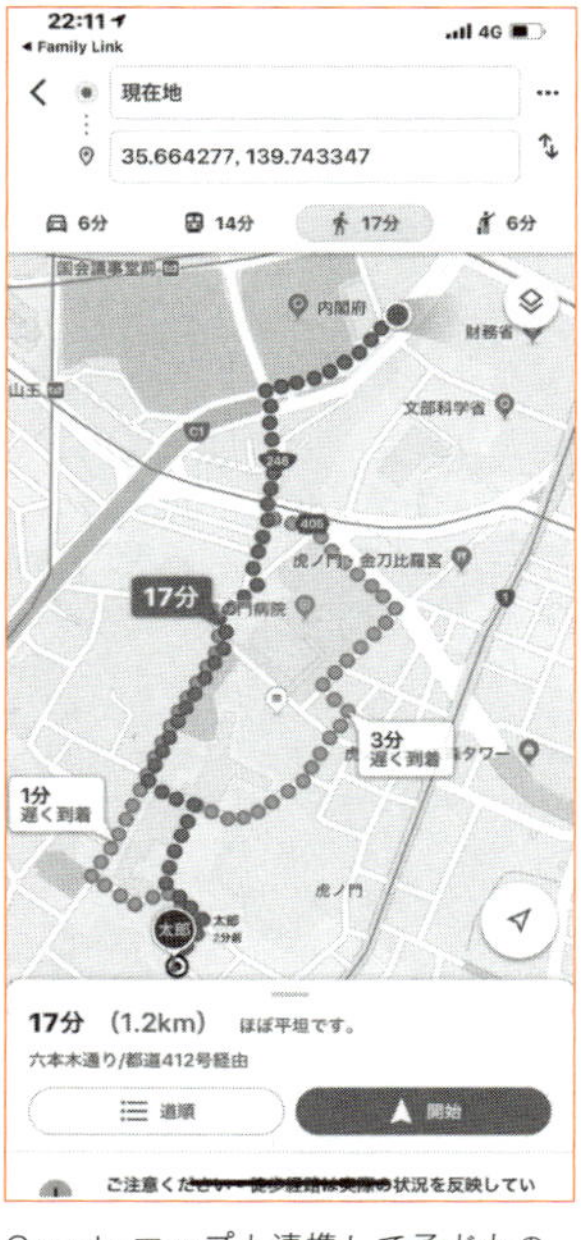

Google マップと連携して子どもの居場所まで道案内する機能も利用できる

Ｇｏｏｇｌｅマップアプリと連携して、子どもの居場所への道案内もできる。子どもが13歳以上であれば、移動の履歴を確認する「ロケーション履歴」機能も使える。

Ｇｏｏｇｌｅファミリーリンクでは、親子それぞれのスマホに専用アプリをインストールして使う。保護者と子どもでアプリが異なるが、保護者が自分のスマホに「保護者向けＧｏｏｇｌｅファミリーリンク」アプリをインストールして、画面の指示に従って設定を進めていけば、あまり迷うことはないだろう。

子どもが13歳以上で、居場所さえ分かればよいならば、Ｇｏｏｇｌｅマップの

「現在地の共有」を使う方法がある。親子がともにGoogleアカウントを持っていて、位置情報の共有を互いに許可すれば利用できる。

iPhoneは「ファミリー共有」で居場所を共有

iPhoneで利用できる「ファミリー共有」とは、親子のApple IDを「ファミリー」としてグループ化し、親が子どものiPhoneを管理できるようにする仕組みだ。13歳未満はApple IDを自分で作成できないが、ファミリー共有を利用すると、親のiPhoneを使って子ども用のApple IDを作成できる。

▶Apple ID
App Store、Apple Music、iCloudといった米アップルが提供するさまざまなサービスを利用するためのアカウント。

Googleマップの「現在地の共有」で子どもの居場所を把握

具体的には、親のiPhoneで設定画面の最上部にあるユーザー名をタップし、「ファミリー共有を設定」「ファミリーメンバーを追加」と進むと子ども用のアカウントを作成できる。子どもが13歳以上の場合は、子どものApple IDを入力し、子どもの同意を得た上でファミリーメンバーに設定する。

位置情報を共有するには、同様のやり方で設定画面の「ファミリー共有」に進んで「位置情報の共有」をオンにする。すると、親（ファミリーの管理者）の位置情報が家族に共有される。その後、それぞれの家族が位置情報の共有を許可すると、家族全員の位置情報が共有されるように設定できる。

親が子どもの位置を確認するには、「友達を探す」アプリか「iPhoneを探す」アプリを起動する。これによって、子どもの居場所がプロットされた地図が表示される。

「ファミリー共有」を設定して「iPhoneを探す」アプリで子どもの居場所を把握

「ファミリー共有」を設定して「友達を探す」アプリで子どもの居場所を把握

ファミリー共有では「スクリーンタイム」を使って、子どもによるアプリのダウンロードに制限をかけたり、スマホ利用時間を親が見られるようにしたりといった管理機能も利用できる。これはGoogleファミリーリンクとほぼ同様だ。

「友達を探す」アプリで家族の居場所を把握したいだけならば、ファミリー共有を使わない方法もある。「友達を探す」アプリ上で親と子どもそれぞれが位置情報の共有を許可すれば、互いの居場所を地図上で確認できる。ただし、この方法を使うには、子どもが13歳以上で自分用のApple IDを持っている必要がある。

スマホを持たない子どもの居場所を把握する3つの方法

子どもにスマホを持たせていない場合でも、居場所を把握する方法はいくつかある。ここでは3つを紹介しよう。1つめは自宅へのネットワークカメラの設置、2つめは見守り用デバイスの利用、3つめは子ども向け携帯電話の利用だ。

1つめの方法は単純だ。ネットワークカメラを自宅リビングに設置して、親が外出先からスマホを使って自宅リビングの様子を見られるようにする。子どもの

▶GPS
Global Positioning System の略で、「全地球測位システム」と訳される。米国が運用する衛星測位システム（地球上の現在位置を測定するためのシステム）のこと。

帰宅や外出を大ざっぱだが把握できる。筆者は自分の子どもが小学生だった頃にはこの方法を使っていた。

２つめの方法は、ＧＰＳによる位置測位機能と携帯電話の通信機能を備えた見守り用デバイスの利用だ。端末をランドセルやリュックに入れておくだけで位置情報を把握できる。

見守り用デバイスの例が家電ベンチャー、Ｂｓｉｚｅの「ＧＰＳ ＢｏＴ」だ。親のスマホに専用アプリをインストールすると、子どもの現在位置や移動履歴を確認できる。自宅や学校などのよく行く場所を設定しておくと、子どもがその場所に到着したときやその場所を離れたときに、親のスマホにプッシュ通知する機能も持つ。

ＧＰＳ ＢｏＴの場合、端末の代金は４８００円（税別）、月額４８０円（税別）で回数制限なく位置情報サービスを利用できる。契約年数の縛りはなく、親が利用す

Bsize が提供する見守り用デバイス「GPS BoT」（出所 :Bsize）

る電気通信事業者はどこでもいい。複数のユーザーを位置検索できる「保護者」に設定できるので、祖父母など両親以外と協力した見守りも可能だ。実家に帰省したときの迷子対策でも役立ちそうだ。

3つめの方法は、NTTドコモの「キッズケータイ」などの子ども向け携帯電話の利用。電気通信事業者が用意する位置情報サービスを使って、子ども向け携帯電話の位置を把握できる。あらかじめ設定した相手との通話やメッセージのやり取りも可能だ。

位置情報だけでなく、通話やショートメッセージも必要な場合は子ども向け携帯電話を選ぶことになるだろう。価格はおよそ7000～2万円で、2年契約の場合の基本料金は月額490～500円（税別）となる。親と子どもで契約する電気通信事業者を同一にする必要があり、かつ親が子どもの位置情報を確認するたびに料金がかかるというサービスが多い。こうした制約条件を契約前に確認しておこう。

▶ショートメッセージ
携帯電話同士で電話番号を宛先にしてメッセージをやり取りするサービス（Short Message Service）のこと。略して「SMS」と呼ばれる。

Part 6

［資料編］

データを基に子どもたちの〝今〟を理解する

最終章では、イマドキの10代をリアルに理解するための資料をまとめた。スマホ世代が交わす言葉の意味や、各種のイベントリスクについて知り、調査データが裏付ける等身大の姿を把握しておこう。

● 10代のスマホライフを理解するための用語

	用語名	解説
数字・記号	垢（アカ）	アカウントの略。誤変換に起因する「垢」がそのままスラングとして定着したとされる。用途に応じて「本垢」「サブ垢」～などがある。
A～Z	Disる（でぃする）	相手を否定、批判すること。否定的な意味を持たせる英語の接頭語「dis-」を動詞化したものが語源とされる。
	DM（でぃーえむ）	Direct Message（ダイレクト・メッセージ）の略。Twitter や Instagram などで、送った相手だけが見ることのできる非公開のメッセージのこと。
	Facebookおじさん（ふぇいすぶっくおじさん）	Facebook 上で多く見かける、仕事忙しい自慢、人脈自慢、承認欲求アピールなど、若者から見て「イタい」投稿をしてしまう中高年を揶揄した言葉。
	Foodie（ふーでぃー）	食べ物の写真に特化した 30 種類以上のライブフィルターを備えるスマホ用カメラアプリ。フィルター特性を生かした個性的な風景写真の撮影やスナップ撮影にも用いられる。
	Instgram（いんすたぐらむ）	米フェイスブックが提供する無料の写真共有 SNS。略して「インスタ」と呼ばれる。国内の利用者数は 2019 年 3 月時点で約 3300 万人と、LINE、Twitter に次ぐ。Facebook との連携機能に強みがあり、利用者データの共有や Facebook と同じターゲット広告の仕組みを持つ。
	KP（けーぴー）	「乾杯」の意味。乾杯するときに「KP！」と唱和する。
	LINE（らいん）	ネイバー傘下の LINE が開発・提供する SNS。国内の利用者数は 2019 年 3 月時点で 8000 万人以上と、SNS 中で最も多い。登場当初はテキストやスタンプを使ったメッセージ交換機能がメインだったが、普及とともに機能を拡張しプラットフォーム化を進めている。

用語名	解説
LINEスタンプ （らいんすたんぷ）	LINEでメッセージをやり取りする際に送り合う独自の画像のこと。文字に加え、気持ちやメッセージをイラストで表しており、言葉だけでは表現しきれない微妙なニュアンスを簡単に送れることから、LINEがブレークする一因となった。
PayPay （ぺいぺい）	ソフトバンクとヤフーの合弁会社であるPayPayが提供する、QR／バーコード決済サービスのこと。
Safari （さふぁり）	米アップルが開発したWebブラウザー。同社製のパソコン「Mac」やスマホの「iPhone」、タブレットの「iPad」などで動作する。
SNOW （すのー）	動物やキャラクターの顔になれる「顔認証スタンプ」で中高生を中心とした若い世代の女性に人気のカメラアプリ。一緒に写っている人と顔を交換する（入れ替える）機能などが特徴。
SNS （えすえぬえす）	Social Networking Serviceの略で、人と人とのつながりを支援するインターネット上のサービスのこと。代表的なものにFacebook、Twitter、Instagram、LINEなどがある。
TikTok （てぃっくとっく）	中国企業のバイトダンスが提供・運営するショートムービーの作成およびシェアリングを中心としたモバイルアプリ。若者を中心に人気を集め目下、急成長中。
Twitter （ついったー）	米ツイッターが開発・運営するSNS。「ツイート」と呼ばれる半角280文字（日本語は全角140文字）以内のメッセージや画像、動画、URLを投稿できる。国内の利用者数は2017年10月時点で4500万人を超えている。
URL （ゆーあーるえる）	Uniform Resource Locatorの略。インターネット上に存在する文書や画像など、情報の在りかを指し示す、いわば「インターネット上の住所」のこと。

	用語名	解説
	YouTube （ゆーちゅーぶ）	米グーグル傘下の世界最大の動画共有サービス。広告を付けることで音楽や動画の無料配信を実現、今や若者にとって重要な娯楽および情報入手ソースとなっている。
あ行	あざまる	「ありがとうございます」を略して「あざっす」「あざます」と言うように、「ありがとうございます。」と文章にした際の句点を「まる」と読み、「あざます」と合体して「あざまる」という言葉になった。
	荒らし （あらし）	ネットの一般用語としては暴言や妨害行為を繰り返すこと、あるいはその人物を意味する。LINE においては、文字やスタンプでスマホの通知音を鳴らしっぱなしにすること。「荒らし」というとネガティブな印象を受けるが、実際には遊びの一つに近い。
	いいね！	SNS などで、好き、楽しい、支持できるといった意思を示すための機能（ソーシャルボタン）のこと。押された側は、いいねの数が多いことで人気があることを証明できる上、リンクが拡散し多くの人に宣伝してもらえるメリットがある。
	インスタグラマー	写真共有 SNS の Instagram 上で多くのフォロワーを抱え、大きな影響力を持っている人物のこと。トップインスタグラマーになると何百万人ものフォロワーを抱えているため、企業から商品の宣伝やブランドの広告塔を依頼されるケースも多い。
	インスタ映え （いんすたばえ）	Instagram の略である「インスタ」と「写真映え」を合わせた造語。Instgram に投稿した写真や、その被写体などに対して見映えがする、おしゃれに見える、という意味で用いられる。

用語名	解説
インフルエンサー	世の中に大きな影響を持つ人のこと。SNSなどのインターネットメディアにおいては、消費者の購買意思決定に影響を与える人たちのことを指す。具体的にはブログを配信し、多くのPV（ページビュー、閲覧数）を獲得する「ブロガー」、動画共有サービスYouTubeで人気を博している「ユーチューバー」、写真共有サービスのInstagramで大勢のフォロワーを抱える「インスタグラマー」などがいる。
裏垢（裏アカ） （うらあか）	「裏アカウント」の略。主にTwitterやInstagramなどのSNSにおいて、メインとなるアカウントとは別に、親しい友人などとつながり本音を投稿するのに使われる。
エアドロ	「AirDrop（エアドロップ）」を略したスラング。AirDropは、iPhone、あるいはiPadやMacなどアップル製端末同士で写真やファイルをワイヤレス送信できる機能。
エアリプ	空という意味の「Air」と、Twitterの機能である返信を意味するリプライ「reply」を合わせた造語。通常のリプライは「@ユーザー名」を付けてツイートするのに対し、エアリプは、「@ユーザー名」を付けずにツイートするため、誰に対して発言しているのかが分かりにくい。転じて、「特定多数に向けて言うことがある」「言いたいことがあるけど相手に直接言えない」ときなどに使われる。
エフェメラル	「つかの間の」「はかない」を意味する言葉。SNS関連では投稿した記事が一定時間で自動的に削除されるアプリまたは機能を指す。
おけまる	「オッケー」のことで、OKと句点「。」を略した言葉。「了解！」を意味する。

	用語名	解説
か行	**鍵垢** （かぎあか）	Twitter や Instagram の「鍵アカウント＝非公開アカウント」のこと。プロフィール画面に鍵のアイコンが付くため、この名がある。投稿をフォロワー以外に「非公開」にできるため、自分の投稿が拡散されるのを防ぐことができる。また、鍵アカの人をフォローするには、そのアカウント主の承認が必要となる。
	拡散希望 （かくさんきぼう）	Twitter などのサービスにおいて、ある情報や主張などを素早く人に知らせる目的でリツイートを他のユーザーに依頼したい場合に使う文言。【拡散希望】というふうに、墨付き括弧が用いられることが多い。
	既読スルー （きどくするー）	LINE のトーク機能で送信した内容を、相手が読んでいるにもかかわらず返信が来ないこと、あるいは受信した内容を読んだにもかかわらず返信をしないこと。
	共同垢（共同アカ） （きょうどうあか）	「共同アカウント」のこと。SNS でカップルなどが共同で 1 つのアカウントを管理し、自分たちの様子を発信するアカウントを指す。
	ググる	Google（グーグル）を使って言葉や画像を検索すること。転じて、ほかのサーチエンジンで検索する場合にも使われる。
	草 （くさ）	「笑える」「うける」「面白い」といった意味合いで使われるネットスラング。ネットでは昔から「笑」を省略して「w」が使われており、「wwwww」のように連続して表記することも多い。これが植物の草が生い茂っているように見えたため、このような言い方が広まった。
	グルチャ	グループチャットの略。LINE のメッセージ機能で行われるグループトークや複数人でのトークのこと。
	公式アカウント （こうしきあかうんと）	企業や官公庁などの組織、あるいは芸能人などが、Facebook や Twitter、Instgram、LINE といった外部のインターネットサービスを公式（オフィシャル）に利用する際のアカウントのこと。

	用語名	解説
	こちゃ(個チャ)	LINEのメッセージ機能で行われる1対1のトーク(個人間のチャット)のこと。
	コピペ	パソコンやスマホで、文字や図形などのデータの一部を複写(コピー)し、ほかへ貼り付ける(ペースト)こと。略してコピペ。
さ行	サブ垢(サブアカ)	「サブアカウント」の略。Twitter や Instagram などの SNS で、メインとなるアカウントと使い分けるアカウントのこと。
	自撮り(じどり)	自分で自分自身を撮影すること。自分撮り。
	趣味垢(趣味アカ)(しゅみあか)	Twitter などの SNS において、もっぱら自身の趣味に関する話題のみ扱うために用いられているアカウントのこと。
	スクショ	スクリーンショットの略。パソコンやスマホの画面上に表示された全体もしくは一部分を取り込んだ画像のこと。スクリーンキャプチャー、スクリーンダンプとも呼ぶ。
	スタ爆(すたばく)	LINE などで、トーク画面にスタンプを連打すること。例えば「大笑い」という意味で、笑っているスタンプを連打する。「スタ連」とも言う。
	ステメ	「ステータスメッセージ」の略。LINE の「友だち」画面では名前の横に、プロフィール画面では名前の下に表示される文章のこと。以前は「ひとこと」という名称で 20 文字しか入力できなかったが、現在は 500 文字まで入力できるようになったため、友だちに広く伝えたいメッセージを記入する人が増えた。中高生はステメをまめに更新し、改行たっぷりの長い文章で、うれしかったことや腹が立ったことなど、本音をつづるのに使う。
	ストーリーズ	Instagram が備える、投稿後 24 時間経過すると自動で削除される投稿形式。

	用語名	解説
た行	タイムライン	SNSやメッセンジャーアプリにおいて、投稿を時刻順に表示したもの、もしくはその画面。
	他撮り （たどり）	自分以外の別の人に写真を撮ってもらうこと。
	チェーンメール	文字通り、鎖がつながるように、巧妙な文面を用いて受信者に対し、他者への転送を促すメール。内容はさまざま。
	出会い厨 （であいちゅう）	恋愛や性行為の対象を見つける目的でオフ会等に出会いを求めて積極的に参加する人を指す言葉。
	デジタルウェルビーイング	「ウェルビーイング（健康で幸福な状態）」をデジタルの世界でも実現しようとする施策。
	トーク	LINEなどで、チャット形式のメッセージをやり取りできる機能、あるいはそれを表示している画面のこと。テキストだけでなくスタンプや画像を貼ることによって、手軽に会話できるのが特徴。1対1のやり取りのほか、複数人でのグループトークなども可能。
	トプ画 （とぷが）	LINEなどのSNSで使われるプロフィール画像のこと。ホーム画像も「トプ画」と呼ばれることがある。
	友達確認 （ともだちかくにん）	LINEで自分の投稿が読まれているのかを確認したいときに行う遊びの一つ。画像には「見た人はスタンプ押してね」や「見た人はなんて呼べばいいかと誕生日を書いてね」などと記載されることが多い。
は行	パクツイ	「パクリツイート」の略。Twitter上で他人が投稿したツイートをそのまま自分のオリジナルのツイートとして投稿すること、および、そのようにして投稿されたツイートのこと。
	ハッシュタグ	SNSなどで用いられる、投稿をカテゴライズして検索を容易にするためのもの。具体的には、言葉の頭に「#（半角シャープ）」を付けることによって、ハッシュタグと認識されるようになり、同じ話題を投稿している人同士で情報共有が可能になる。

用語名	解説
バトン	LINE や Twitter などで行われる、たくさんの質問が書いてあるリストを友だちに回していく遊び。バトンを受け取った人は回答を投稿して、次の人を指名する仕組み。
非公開アカウント（ひこうかいあかうんと）	自分のアカウントへのアクセス許可を出しているフォロワー以外に自分の投稿や、やり取りを見せないようにする設定のこと。
ふぁぼ	以前の Twitter の「お気に入り」機能（現在の「いいね」機能）を指す言葉。他のユーザーのツイートをお気に入り登録することで好意的な気持ちを表現したり、後から見返しやすくする機能。「お気に入り」は英語の favorite から「ふぁぼ」と呼ばれるようになった。
フィード	Instagram 上のホーム画面のこと。フォローしている人の投稿がリアルタイムで更新されるので、「ニュースフィード」とも言う。
フォロー	Twitter や Instagram で投稿者のアカウントを登録すること。フォローすることで、常に相手の投稿をチェックできるようになる。
フォロー返し（ふぉろーがえし）	Twitter で、フォローをしてくれた相手に対してフォローを返すこと。
フォロワー	SNS でアカウントをフォローしている人のこと。フォロワーが多いほどネット上での影響力が増すため、インスタグラマーやユーチューバーといったインフルエンサーにとっては人気のバロメーターの一つとなる。
プリクラ	プリントシール機のこと。自分の顔や姿をカメラで撮影して、シールに印刷された写真を得る機械。

用語名	解説
ブロガー	日記や記録、情報をWeb上で公開し、PV（ページビュー、閲覧数）を得ることで、ブログ内に表示される広告によって収入を得る人のこと。ただし、ブログで情報を発信していれば、収入がなくともブロガーを名乗ることはできる。
ブロック	SNSやメッセージアプリなどで、相手とのつながりを遮断すること。サービスの種類や、どちらがブロックしたかによっても状況は異なるが、一般に、相手の投稿が見られなくなったり、直接のやり取りができなくなったりする。
ブロック大会 （ぶろっくたいかい）	LINEの「タイムライン」で行う遊びの一つ。タイムラインに「ブロック大会するよ」と画像を投稿して開始する。画像には「ブロックされたくない人はスタかコメお願い」などと書かれており、それを見た友達はスタンプやコメントを付ける。つまり、ブロックしまくるという意味ではなく、友達が本当に自分とつながっていたいのかどうか、友情を確認する行為だと言える。
プロフ	プロフィールのこと。SNSなどのサービスでは、あらかじめ用意された項目に記入していくことで作成される。プロフィールが記載されたURLを送り合うなどして自己紹介の代わりに使うことも。
ブロる	「ブロックする」こと。「あいつのことブロった」というように使われる。「即行でブロックする」を「即ブロ」と呼び、「○○したら即ブロ」と宣言するときに使う。「ブロッコリー」などと言う場合も。
ペア画 （ぺあが）	2台のスマホのホーム画面を隣り合わせにすることで、1枚の待ち受け画像が完成するようになっている絵こと。カップルが多用する。
ホーム画 （ほーむが）	LINEやTwitterなどのサービスでホーム画面に用いられる画像を指す言葉。さらに短く縮めて「ホム画」と呼ばれることも。

	用語名	解説
	本垢 （ほんあか）	「本アカウント」の略。Twitterをはじめとする SNSにおいて「メインとして使っているアカウント」を意味するネットスラング。
ま行	**未読スルー** （みどくするー）	LINEのトーク画面で、自分が送ったメッセージや送られてきたメッセージが未読のまま放置されている状態を指す。
	盛る （もる）	「誇張する」「美化する」という意味。何らかの話題に関して話を面白おかしく誇張するケースや、自撮り写真などを、アプリを使って実際以上に見映え良くする場合に使う。
や行	**友情リレー** （ゆうじょうりれー）	LINEで行われるチェーンメールの一種。「このメールを受け取った人は私の大切な人です。あなたも本当に好きな人20人に回してください。回さないと友達や恋人が離れていきます」など、かつての不幸の手紙の要素を持つ形式が主流。
	ユーチューバー	動画共有サービスのYouTubeに独自に制作した動画を継続的に公開することで、広告収入などを得ている人のこと。今日では、「子どもたちが将来なりたい職業」の上位にくる人気稼業となっている。
ら行	**らぶりつ**	Twitterで「いいね」であるハートマーク（ラブ）と「リツイート」を合わせた言葉。「いいね」と「リツイート」をしてほしいときに使う。
	リア垢 （りあアか）	現実世界（リアル）で交流のある知人・友人用に作ったアカウントのこと。
	リア充 （りあじゅう）	「現実の生活が充実している人」を指すネットスラング。交友関係、男女関係、生活環境などが満たされている様子などを意味する。
	リツイート	他の人のツイートを"Re=再び"ツイートすること。タイムラインに流れてきたツイートを「リツイートする」と、自分のフォロワーのタイムラインにそれが流れる。同様に、自分がフォローしているユーザーが何かをリツイートすれば、自分のタイムラインにそれが流れてくる。

学校生活〝要注意〟イベントカレンダー

●入学直前、夏休み、文化祭……危ないのはいつ？

4月から3月までの1年を通じて、中高生が体験するイベントを取り上げた。文化祭や体育祭は地域や学校によって実施時期が異なる。

時期	学期	学校行事	一般的な行事	中高生に起こり得ること
4月	1学期	入学式 クラス替え		新学年、新クラスでLINEグループが作られる
5月		中間テスト		「5月病で学校に行きたくない」などSNSで愚痴る
6月		体育祭		SNSに衣装を着た自撮りやプリクラ画像をアップ
7月		期末テスト		
8月	夏休み		夏祭り 花火大会 夏期講習	SNSのフォロワーをチェックしてナンパ

LINEグループでいじめが起きやすい

SNSに投稿すると衣装で学校名がバレる

スマホ使用時間が長くなる

知らない人と出会いやすい

9月	10月	11月	12月	1月	2月	3月
	2学期		冬休み		3学期	春休み
文化祭	中間テスト	期末テスト		入学試験	合格発表	期末テスト 卒業式 スマホ使用時間が長くなる
SNSに投稿すると衣装などで学校名がバレる	ハロウィーン		クリスマス	お正月 初詣	バレンタインデー	ホワイトデー 卒業旅行
SNSに衣装を着た自撮りやプリクラ画像をアップ			受験勉強本格化で「勉強垢」を作る人も		「#春から〇〇」で進学先の人とつながる	スマホデビューで戸惑う 不幸の手紙のようなチェーンメールが来る 春休みはディズニーリゾートに制服でお出かけが多い

中高生にとって“携帯電話”と言えばスマートフォン

●スマートフォンの所有状況

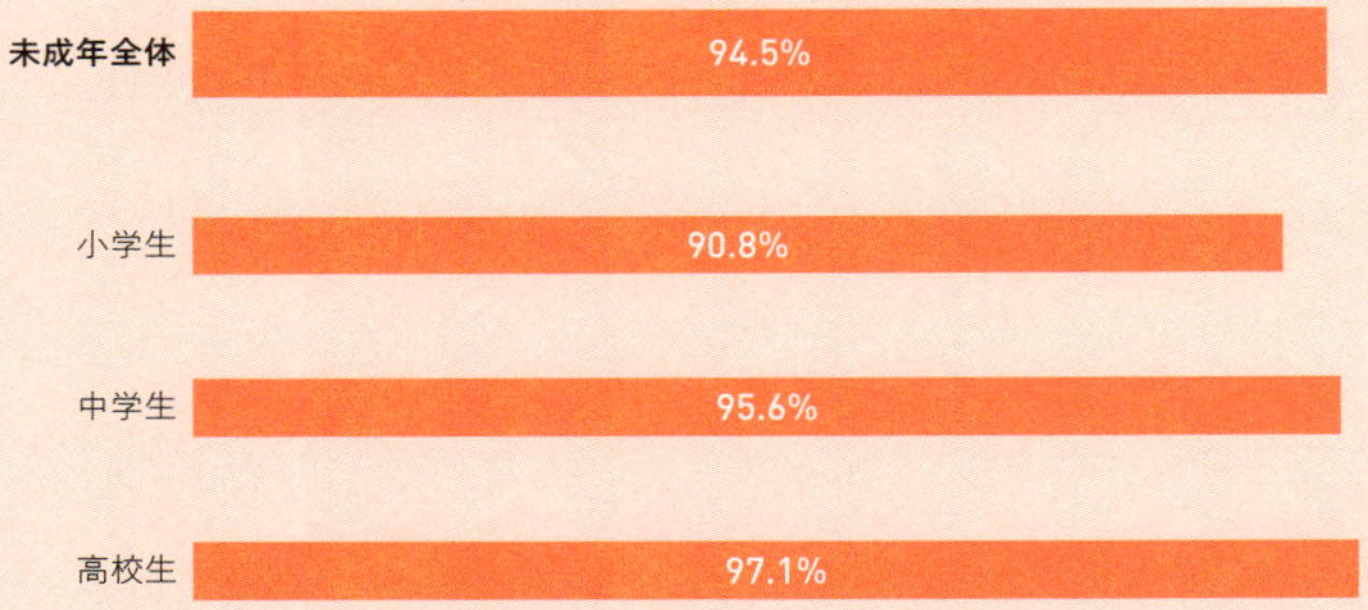

何らかの携帯電話を持つ**未成年者（10 ～ 18 歳）のスマートフォン所有率は 94.5%**で、2018 年から 3.7%増加。特に、**小学生の所有率が 90.8%**と昨年より 16.5%増加している。所有割合は Android が 40.8 %、iOS（iPhone）が 58.7 %、格安 SIM の使用率は 17.3%だった。

出典：デジタルアーツ

調査内容：第 12 回未成年者の携帯電話・スマートフォン利用実態調査（2019 年 5 月 24 日）
調査期間：2019 年 4 月 1 日～ 4 月 2 日
調査対象：何らかの携帯電話・スマートフォンを持つ全国の 10 ～ 18 歳の未成年の男女 618 人と同世代の子を持つ保護者 618 人（計 1236 人）
調査方法：インターネット調査

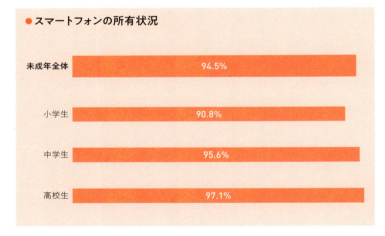

女子高生は1日に平均6.1時間、スマホを操作している

●スマートフォンの平均利用時間

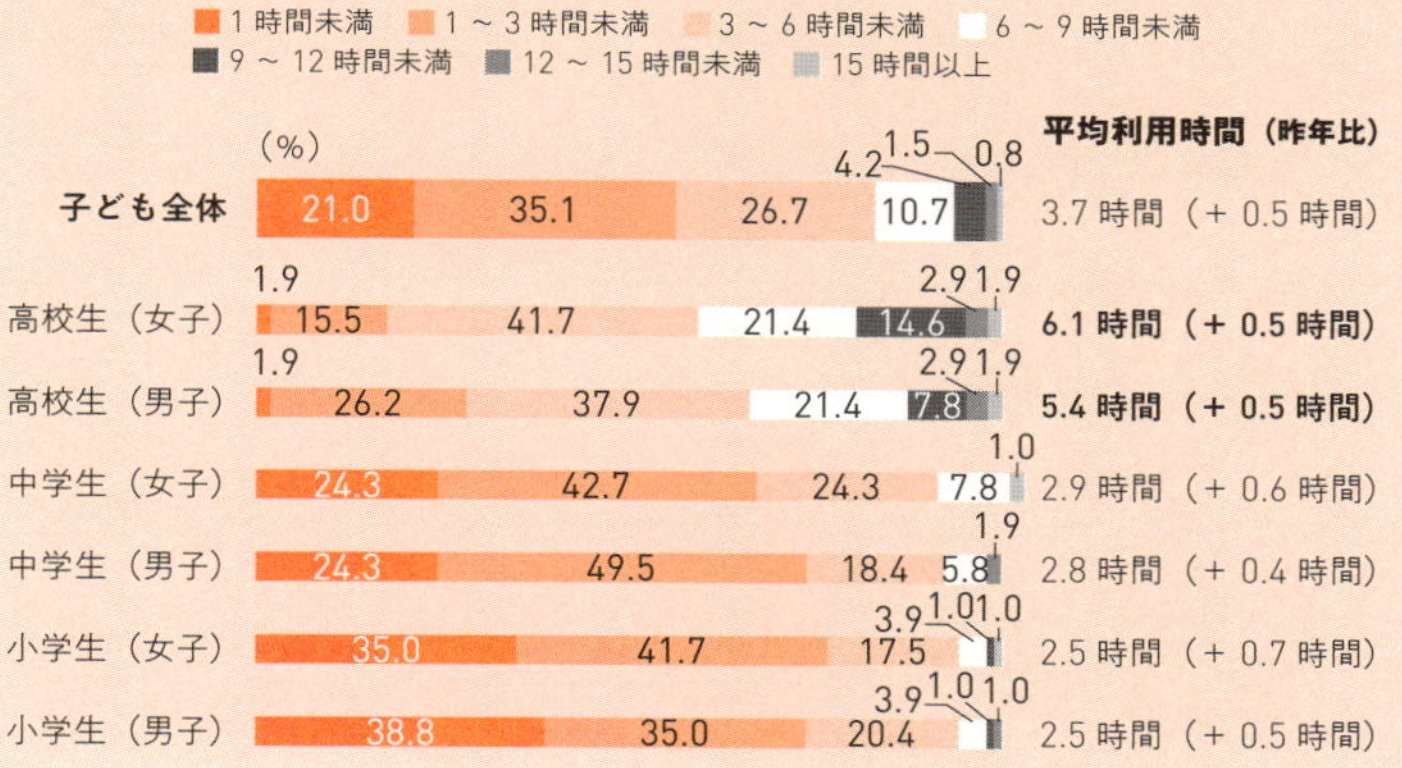

スマートフォン／携帯電話の**平均利用時間は未成年全体で3.7時間**で、昨年より0.5時間増加している。学齢別に見ると、**小学生が2.5時間**（昨年比0.6時間増）、**中学生が2.9時間**（同0.5時間増）、**高校生が5.8時間**（同0.5時間増）となっている。

出典：デジタルアーツ

調査内容：第12回未成年者の携帯電話・スマートフォン利用実態調査（2019年5月24日）
調査期間：2019年4月1日～4月2日
調査対象：何らかの携帯電話・スマートフォンを持つ全国の10～18歳の未成年の男女618人と同世代の子を持つ保護者618人（計1236人）
調査方法：インターネット調査

高校生の2人に1人はネット上のみでつながる友達がいる

● インターネット上だけでコミュニケーションを取る友達はいる？

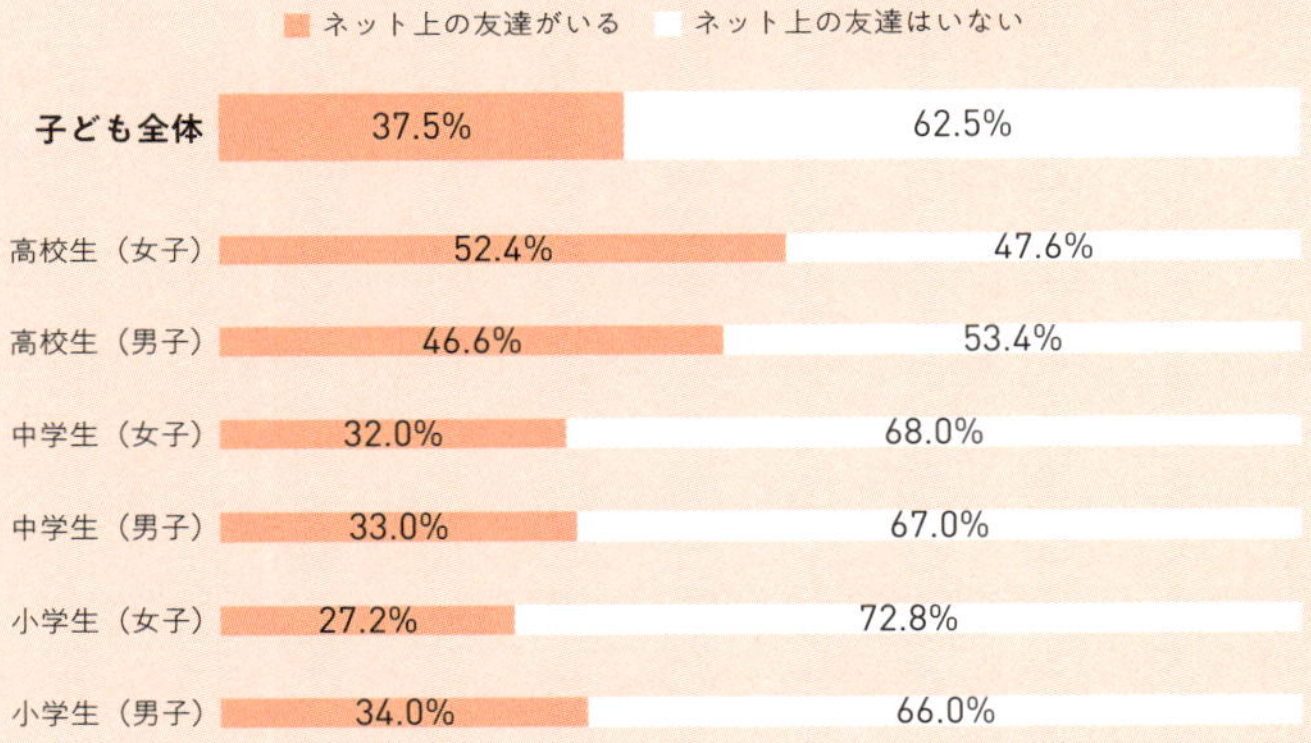

ネット上だけでコミュニケーションを取る友達がいる未成年は37.5%、高校生だけで見ると男子が46.6%、女子が52.4%と、ほぼ2人に1人がネット上だけでつながる友達を持っている。

出典：デジタルアーツ

調査内容：第12回未成年者の携帯電話・スマートフォン利用実態調査（2019年5月24日）
調査期間：2019年4月1日～4月2日
調査対象：何らかの携帯電話・スマートフォンを持つ全国の10～18歳の未成年の男女618人と同世代の子を持つ保護者618人（計1236人）
調査方法：インターネット調査

女子高生の3人に2人は、ネット上の友達と「実際に会ってみたい」

● インターネット上だけでコミュニケーションを取る友達との関係をこれからどうしていきたいか?

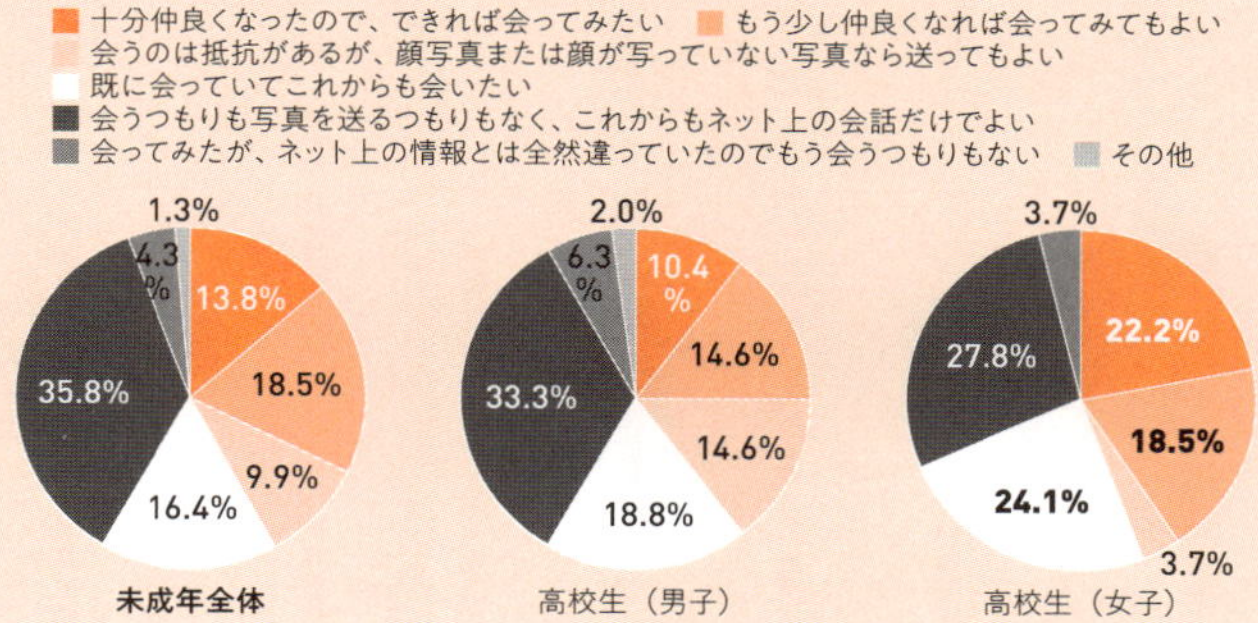

ネット上で知り合った人と実際に会うことを希望する、または会ったことがある女子高校生は64.8%。まだ会っていない相手でも会いたい、または写真を送ってもよいと考えている女子高生は44.4%。またネット上の知り合いに教えてもいい事柄として、38.9%の女子高生が「顔・容姿」、29.6%が「本名」を挙げている。

出典：デジタルアーツ

調査内容：第12回未成年者の携帯電話・スマートフォン利用実態調査（2019年5月24日）
調査期間：2019年4月1日～4月2日
調査対象：何らかの携帯電話・スマートフォンを持つ全国の10～18歳の未成年の男女618人と同世代の子を持つ保護者618人（計1236人）
調査方法：インターネット調査

一番人気はLINEだが、高校生ではInstagramが急増傾向に

●最近よく使うアプリは何?

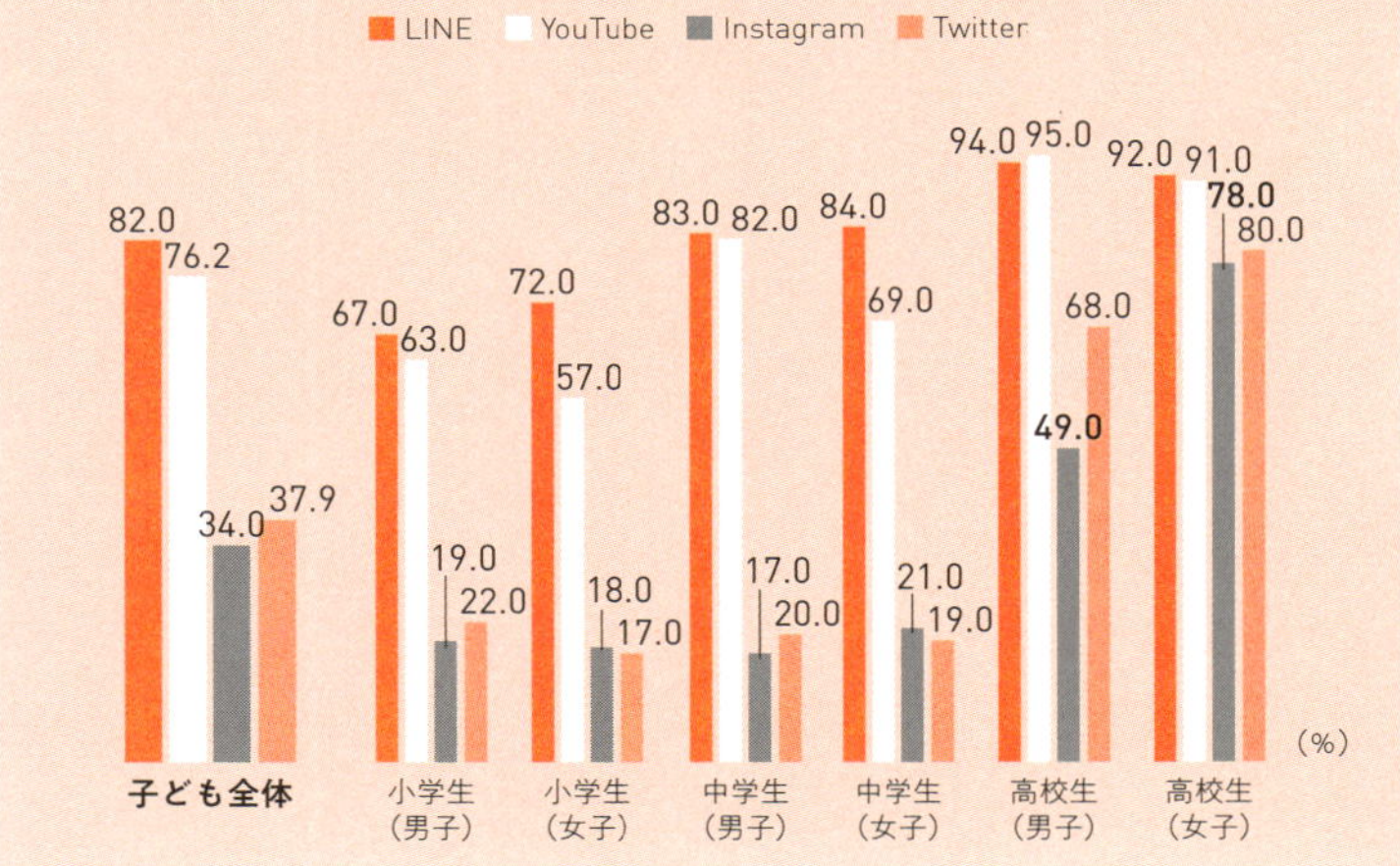

未成年全体では**LINEが最も多く82.0%、次いでYouTubeが76.2%**、Twitterは37.9%。**高校生に限ればInstagramの利用率がぐんと高まる。**

出典：デジタルアーツ

調査内容：第12回未成年者の携帯電話・スマートフォン利用実態調査（2019年5月24日）
調査期間：2019年4月1日～4月2日
調査対象：何らかの携帯電話・スマートフォンを持つ全国の10～18歳の未成年の男女618人と同世代の子を持つ保護者618人（計1236人）
調査方法：インターネット調査

女子高生の7割、女子中学生の4割が裏アカウントを保有

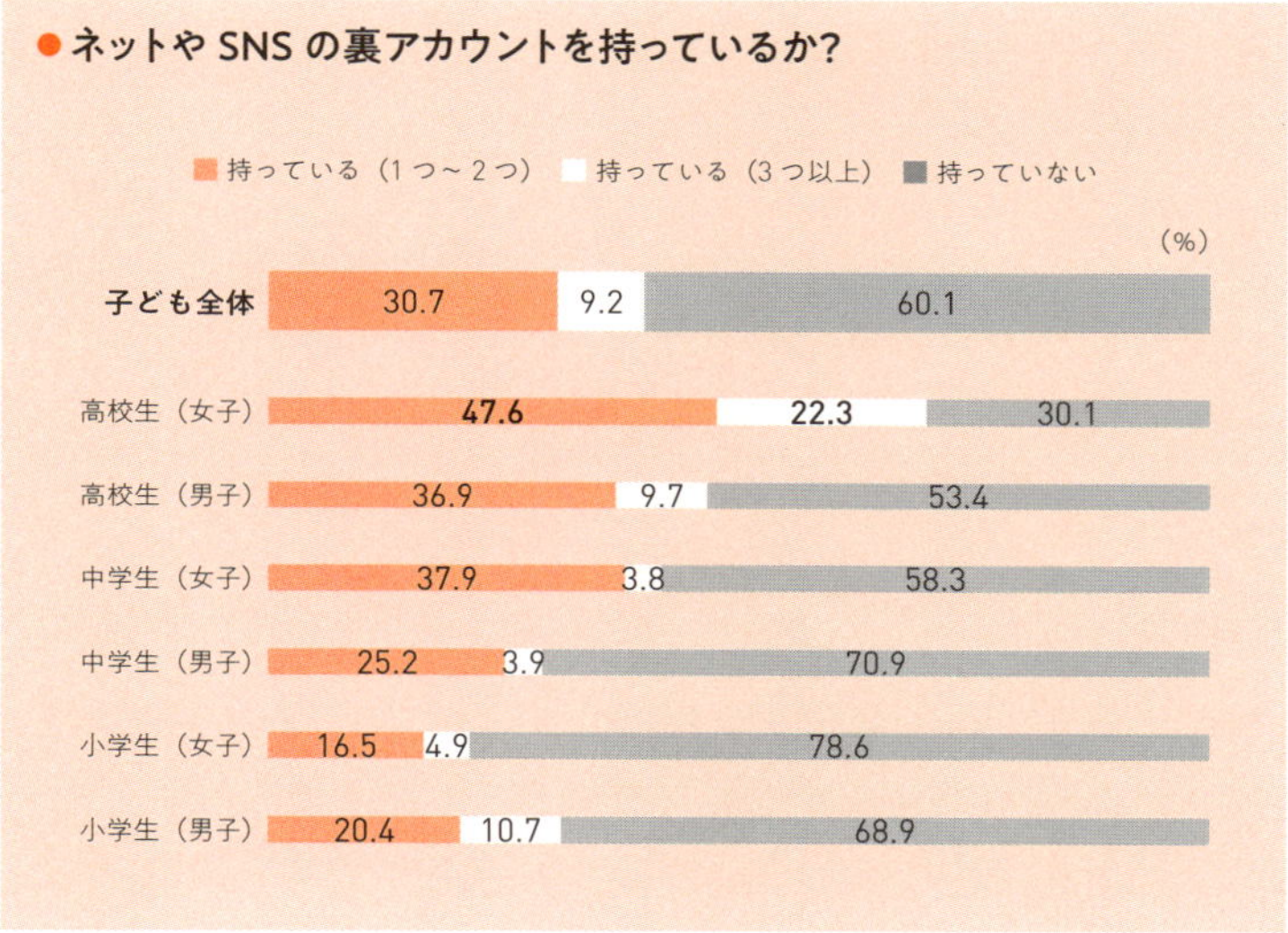

裏アカウントを持つ女子高校生は69.9%で、昨年より1.0%増加。**女子中学生は41.7%**と昨年より12.6%増加している。

出典：デジタルアーツ

調査内容：第12回未成年者の携帯電話・スマートフォン利用実態調査（2019年5月24日）
調査期間：2019年4月1日～4月2日
調査対象：何らかの携帯電話・スマートフォンを持つ全国の10～18歳の未成年の男女618人と同世代の子を持つ保護者618人（計1236人）
調査方法：インターネット調査

中高生とも9割以上が勉強でスマホを活用中

● スマートフォンを勉強に活用しているか

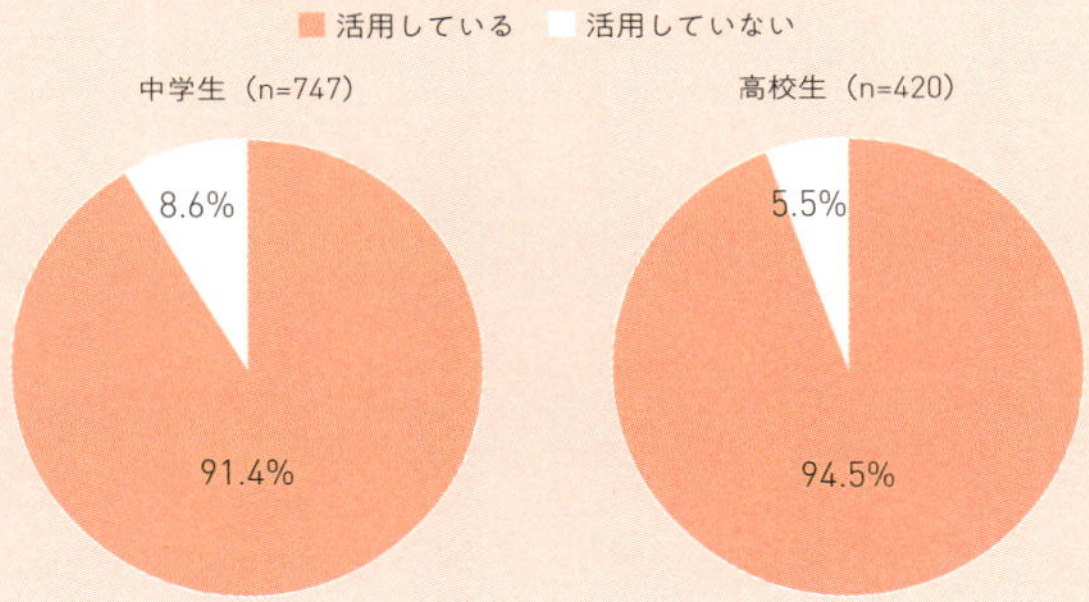

中学生の91.4%、高校生の94.5%が勉強でスマートフォンを活用しており、2017年の調査時からは中学生が0.4ポイント、高校生は2.4ポイント上がった。活用法の上位は「単語の検索」「動画で問題の解き方や授業を視聴」「勉強時間や試験のスケジュール管理」。また、中高生の約7割が「スマホで勉強がはかどるようになった」と回答している。

出典：MMD研究所×アオイゼミ

調査内容：「2019年5月 中高生の勉強時におけるスマートフォン利用実態調査」
調査期間：2019年3月5日～3月25日
有効回答：1,283人
調査方法：インターネット調査
調査対象：12歳～18歳のオンライン学習塾アオイゼミを利用している男女

学校へのスマホ持ち込み、中学生は2割弱、高校生は9割近くがOK

● 学校にはスマートフォンの持ち込みは許可されている？

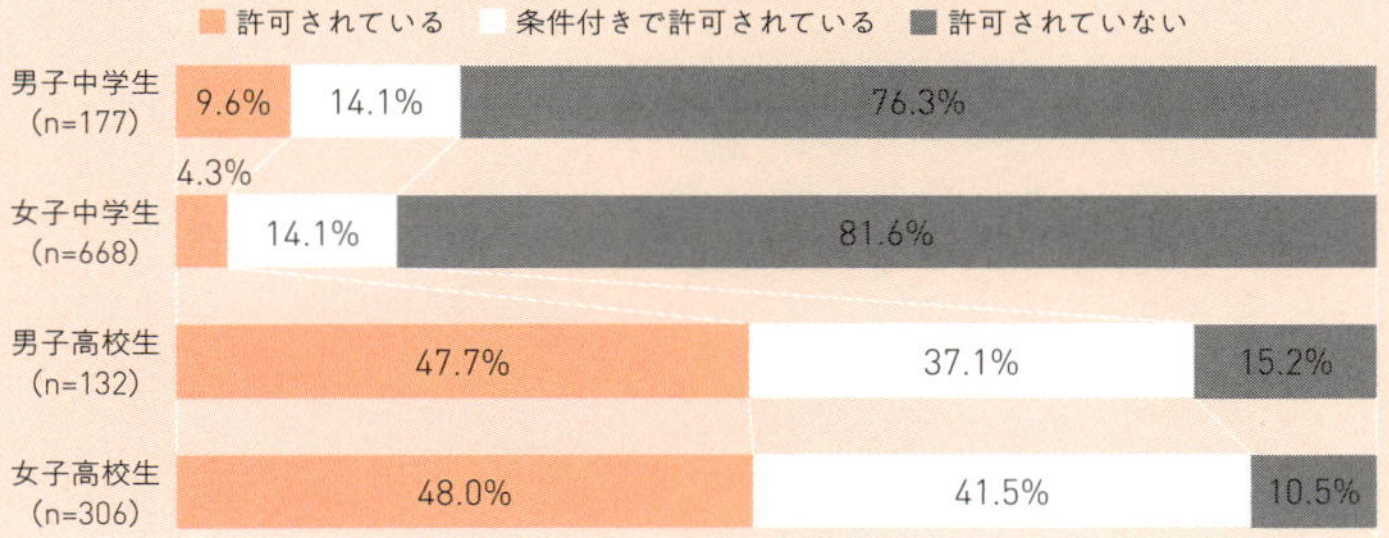

中学生の 19.5%、高校生の 88.1%がスマートフォンの学校持ち込みを許可されている。また、2017 年の調査時から中学生は 5 ポイント、高校生は 1.6 ポイント、持ち込み許可率が上がっている。学校でのスマートフォン利用についての最も多い回答は、男子中学生は「分からなかった単語を調べる」と「休み時間にゲームアプリ」。女子中学生は「分からなかった単語を調べる」、女子高生は「休み時間に SNS をチェック」だった。

出典：MMD 研究所×アオイゼミ

調査内容：「2019 年 5 月 中高生の勉強時におけるスマートフォン利用実態調査」
調査期間：2019 年 3 月 5 日～ 3 月 25 日
有効回答：1,283 人
調査方法：インターネット調査
調査対象：12 歳～ 18 歳のオンライン学習塾アオイゼミを利用している男女

中高生が利用しているスマホの7割強がiPhone

●利用しているスマートフォンの種類は？（N=6,958）

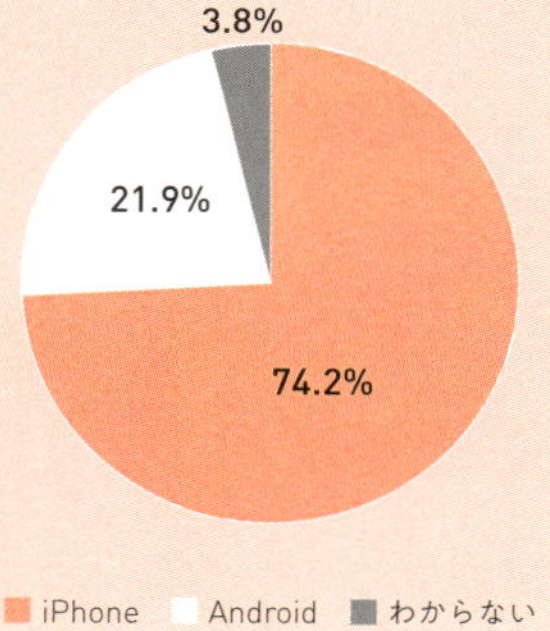

OS別の利用状況については各種の調査データがあり、調査の時期や対象によってもバラつきが見られる。2018年8月に行われたこちらの調査では、中高生が利用しているスマートフォンの割合は、**iPhoneが74.2%、Androidが21.9%。女子高校生に限れば84.9%がiPhoneを利用**している。

出典：MMD研究所×テスティー

調査内容：2018年9月 中高生のスマートフォンシェア調査
調査期間：2018年8月9日～2018年8月25日
有効回答：6,958人
調査方法：インターネット調査
調査対象：12歳～18歳のスマートフォンを所有する中学生、高校生の男女

無料のデジタルコンテンツが有料化した場合、8割強が「他の無料のコンテンツを探す」

●**無料で利用しているサービスが有料化したらどうするか？（n=6,950）**

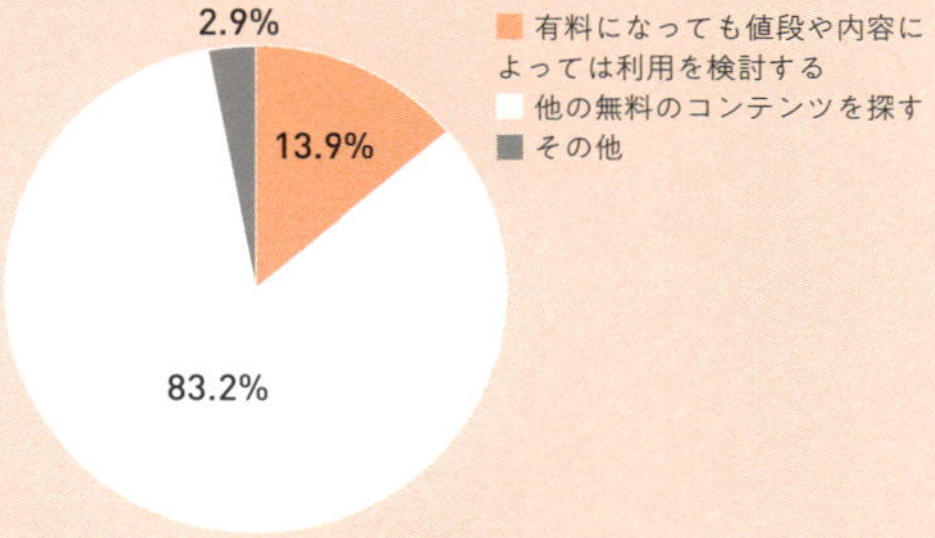

無料で利用しているデジタルコンテンツが有料化した場合、**83.2％が「他の無料のコンテンツを探す」と回答**。また、有料デジタルコンテンツの購入経験について、14.0％が経験ありと答え、有料デジタルコンテンツ購入時の決済方法で最も多いのは、「iTunes カードや Google Play ギフトカード」で 69.6％だった。

出典：MMD 研究所×テスティー

調査内容：2018 年 11 月 中高生のデジタルコンテンツの利用と消費調査
調査期間：2018 年 8 月 9 日～ 2018 年 8 月 25 日
有効回答：6,950 人
調査方法：インターネット調査
調査対象：12 歳から 18 歳のスマートフォンを所有する中学生、高校生の男女

万一の備えに役立つ
相談窓口＆情報収集サイト

ネットやSNSを使っていると、大人でも困惑するようなトラブルに遭遇することがある。ましてや、社会経験の少ない子どもたちであれば、なおのこと混乱したり不安を感じたりすることだろう。そんな場合にも慌てずにすむよう、普段から最低限の情報には親子で目を通しておこう。

さまざまなトラブルや犯罪についての最新情報を提供するサイトが各省庁、団体などによって運営されている。被害に遭ったとき、遭いそうになったとき、ネットの依存症になってしまったときなどに相談できる窓口を知っておくだけでも、安心だ。

インターネット違法・有害情報相談センター

総務省支援事業

http://www.ihaho.jp

インターネット上の違法・有害情報に対する適切な対応を促進する目的で、関係者からの相談を受け付け、対応に関するアドバイスや関連の情報提供などを行う相談窓口。

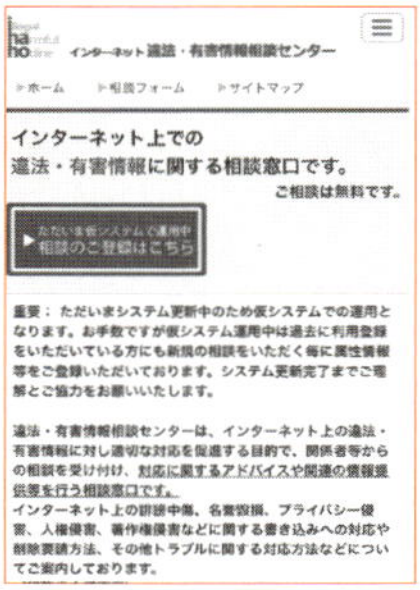

子どもの人権110番

法務省

http://www.moj.go.jp/JINKEN/jinken112.html

いじめや虐待といった悩みを相談できるサイト。子どもの発する信号をいち早くキャッチし、解決に導くための相談を受け付ける。子どもだけでなく、大人も利用可能。電話とメールでの相談窓口が用意されている。

インターネット安全・安心相談

警察庁

https://www.npa.go.jp/cybersafety/

インターネット上の各種トラブルの解決を支援するサイト。インターネット上での困りごとについて、基本的な対応策をカテゴリー別にまとめているほか、過去のトラブル事例を検索したり、被害防止策を学んだりすることができる。

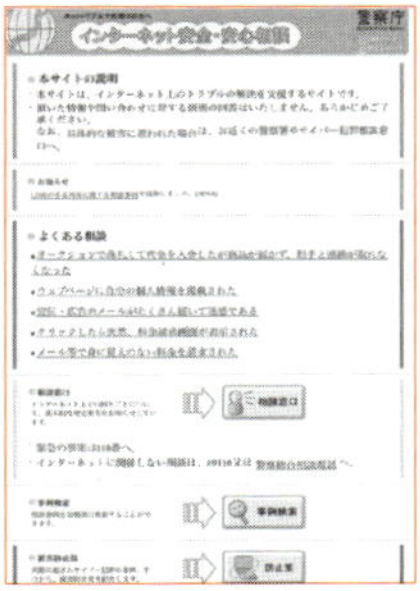

相談・お悩み

警視庁ほか、各都道府県の警察本部

https://www.keishicho.metro.tokyo.jp/smph/sodan/index.html

警視庁をはじめ、各都道府県の警察本部Webサイトには、インターネットのトラブルに関する相談ができる窓口もある。いざというときのために、普段から自分の住む地域の警察本部のサイトを確認しておこう。

※URLと画面は警視庁の窓口のもの

インターネットを悪用した人権侵害に注意!

政府広報オンライン

https://www.gov-online.go.jp/useful/article/200808/3.html

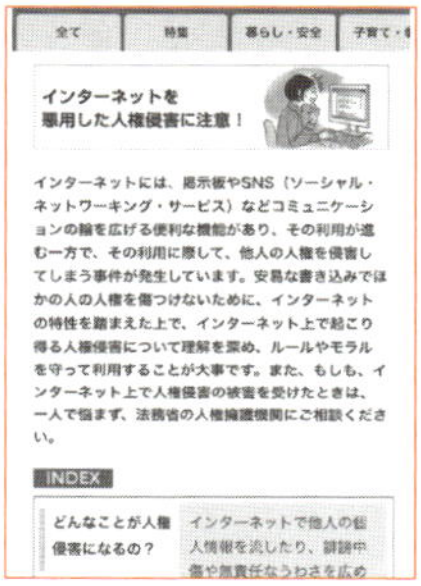

インターネット上の掲示板やSNSを利用する際に、どんなことが人権侵害になるのか、また自分が被害に遭ったときはどうすればいいのか、といったルールやマナー、モラルに関する情報がまとめられている。

ネットの危険からお子様を守るために、保護者ができる3つのポイント

政府広報オンライン

https://www.gov-online.go.jp/useful/article/201303/3.html

トラブル防止のために、保護者が行うべき3つのポイント、「子どもたちを被害者にも加害者にもしない」「家庭のルールを子どもと一緒に作る」「フィルタリングを賢く利用する」を紹介している。

インターネットトラブル事例集ダウンロードページ

総務省

http://www.soumu.go.jp/main_sosiki/joho_tsusin/kyouiku_joho-ka/jireishu.html

インターネットトラブルの事例を挙げ、その予防法等を紹介したPDF事例集がダウンロードできるページ。教職員向けに、学習指導要領に沿った、小学校、中学校向けの指導案もあり、情報モラル教育を行えるようにもなっている。

※画像は事例集のカバー画面

インターネットの危険から子供を守るのは保護者のあなた！

政府インターネットテレビ

https://nettv.gov-online.go.jp/prg/prg12149.html

インターネット上で遭遇するさまざまな危険から子どもたちを守るために、フィルタリングの活用や家庭でのルール作りなど、保護者に知っておいてもらいたい情報を動画で紹介している。

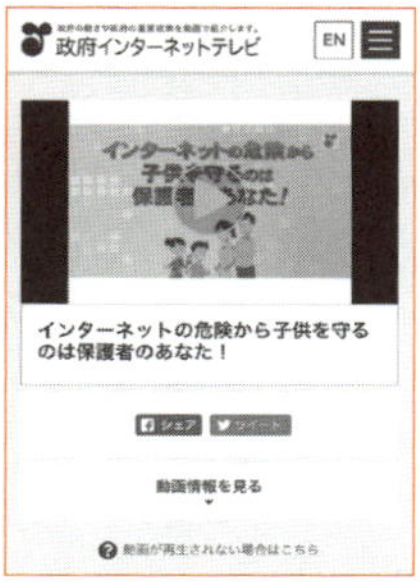

子どものあんしん・安全

NTTドコモ

https://www.nttdocomo.co.jp/corporate/csr/safety/

スマホや携帯電話を子どもに持たせることへの不安を解消すると同時に、これらの機器を持たせることで、より「安心」を感じてもらうための取り組みを紹介している。

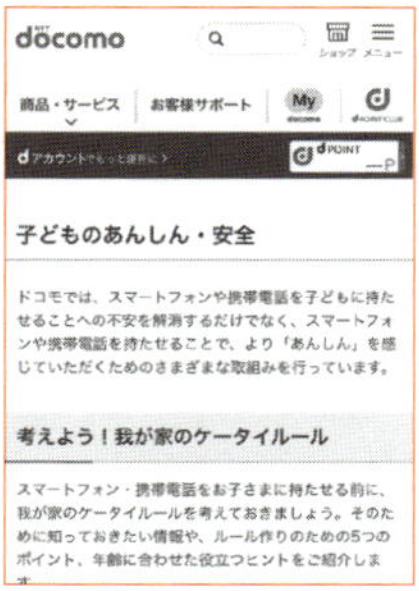

NHKハートネット（福祉情報総合サイト）これって"依存症"？

NHK

https://www.nhk.or.jp/heart-net/izonsho/

「SNSがやめられないのはなぜ？」――ネット依存症など、やめたいのにやめられない悩みを理解し、克服するための基本的な情報と「大切なこと」をまとめたサイト。

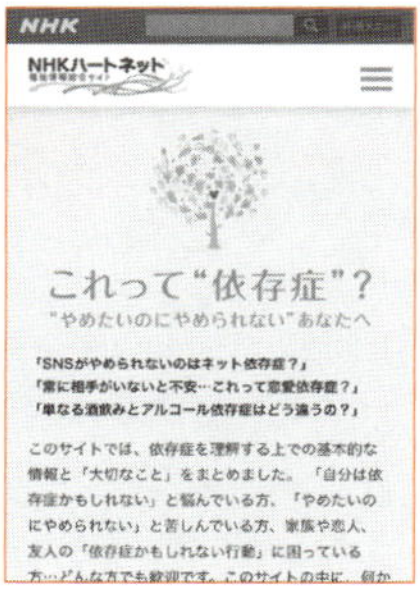

Column6

位置情報全見せアプリ「Zenly」が急成長 若者が夢中になる理由とは？

通信環境と端末の進化によって、SNSは文字から画像、動画をシェアするツールに変化した。動画時代を謳歌する10代はさらに新たなコンテンツを共有している。それが位置情報だ。常に相手とつながり続けることに抵抗はないのか。垣間見えたのは「今どこ？」の連絡すら面倒と感じる若者の心理だった。

アクションしなくても位置情報が伝えられる

自分の知り合いが今どこにいるのか、地図上で24時間確認できるアプリがある。それが「Zenly（ゼンリー）」だ。2019年5月21日現在、Android版のダウンロード数は500万を突破し、App Storeでもソーシャルネットワーキング部門のランキングでLINEに次いで第2位につけている。

▶WeChat
中国の大手IT企業テンセントが開発・運営する無料のメッセージアプリ。中華圏を中心に広く使われる。中国語名は「微信（「少ない文字数の手紙」の意）。

Zenlyは2015年にフランスのゼンリーが開発した、電話番号やIDをベースにつながった人の現在地を確認できる位置情報共有アプリ。FacebookやWeChatにも位置情報を共有し、近くに友人がいる場合に通知される機能はある。しかしZenlyは位置情報の共有に特化し、お互いに現在地を〝見せ合い続けている〟のが特徴だ。

なお、2017年には写真共有メッセージアプリ「Snapchat」を運営する米スナップがZenlyを買収し、その後Snapchatに「Snap Map」というZenlyと同様の機能が盛り込まれた。Snapchatは日本の10代にも「スナチャ」の愛称で呼ばれ、自撮り機能が人気だが、位置情報を共有する場合はZenlyが利用されることが多い。

Zenlyが搭載する機能は、「自分の

「Zenly」を使いこなす若い世代は、位置情報も一つのコンテンツという認識なのかもしれない（筆者撮影）

Zenly 画面。友達の居場所、電池残量などが画面に表示される

現在地を公開する」「友達になった人の現在地と滞在時間」「スマホの電池残量の確認」「メッセージの送受信」「近くにいる人との通話」など。さらに友達を３人以上登録すると、自分の位置情報を閲覧された回数を知ることができる。位置情報ゲームのような仕掛けもあり、自分が訪問した場所は地図上で白く塗りつぶされていく。そのエリアで移動範囲が広い人はランキング上位として友達に表示されるので、競い合うのも楽しい。画面デザインも非常にポップで、イベントがあるとアニメーションとともにスマホがバイブする仕掛けなど、楽しい雰囲気が満載のアプリに仕上がっている。

女子中高生向けのマーケティング支援などを手がけるＡＭＦが２０１８年11月に発表した「ＪＣ・ＪＫ流行語大賞２０１８」では、アプリ部門の第３位に「Ｚｅｎｌｙ」が入った（ちなみに第1位はＴｉｋＴｏｋ）。同社によると、「今どこにいる？という連絡が省けることで、カップルや友達同士で使う人が増えたことにより、上位にランクインされたとのこと。

確かに若者はＬＩＮＥなどのチャットでも自分の居場所を伝え続ける。スマホを使うようになって「待ち合わせをしなくなった」とよくいわれるが、若いスマホネイティブは特にこの傾向が顕著だ。「夜ご飯食べよう。どこ辺りで」程度は決めても、後はその場のノリや気分で決めていることが多い。「家出たよー」「私はまだ着替えてる」など、常にチャットでお互いの様子を把握している。

そこに当てはまるのがＺｅｎｌｙだ。Ｚｅｎｌｙなら文字すら打つ必要がない。常に自分の居場所が相手に伝わり、普段の生活を知っている相手なら何をしているかも推測できる。今日はバイトなのか、オフで家にいるのか、わざわざ伝える必要はない。友人と一緒にカラオケ店にいることがＺｅｎｌｙに表示されれば、「私も合流したい！」と別の友人が連絡してくる。こちらから誘うことは気が引けても、向こうから乗ってくれればラッキーという場合もあるだろう。

ＬＩＮＥのビデオ通話もつながりっぱなしで生活する若者

若い世代にとって、今の自分の状況をネット経由で友達に見せることは日常だ。Ｉｎｓｔａｇｒａｍのストーリーズでライブ中継すれば、文字や画像で伝えなくても、「今誰とどこで何をしているか」を簡単に友達とシェアできる。

LINEのビデオ通話もよく使われている。ずっとつなげていても無料なので、通話状態のまま端末を部屋に置いておき、勉強したりくつろいだりしながら、気が向いたら会話するといった使い方だ。相手が誰でもそういう使い方をするわけではないが、「つながりっぱなし」であることにそれほど抵抗を感じないのだ。

Twitterで「Zenly」を検索すると、「Zenlyやってる人つながろう」とIDの交換を呼び掛けている人が多い。友達の人数で機能が増えることもあるが、Zenlyを開いたときに表示される友達が少ないとつまらないからだろう。中高生のTwitterは知り合い同士でフォローし合っているケースが多いので、やみくもにつながるためにZenlyのIDを交換しようとしているわけではないが、中には赤の他人とつながっている人もいると思われる。

Zenlyはよく滞在する場所に「家」マークが表示されているため、他人に自宅がばれる可能性もある。自分の居場所を隠すモードも用意されているが、位置情報を一定の場所に固定するか曖昧な表示にする設定しかないため、隠していることは周囲に分かってしまう。

プライバシーの基準は細かく分かれている

幼い頃からネットがそばにある若い世代にとって、オンラインとオフラインの違いは希薄だ。ネットでの顔出しは当たり前で、自分の名前、学校名、部活などをSNSに記す。「彼らにはプライバシーを守る気がない」と考える人もいるだろう。

しかし、若い世代が全員Zenーyを歓迎していると考えるのは早計だ。プライベートの露出に抵抗が薄い世代ではあるが、常に位置情報が共有されるZenーyには拒否感を示す人も多い。その人たちは、大人と同じように、発信する情報を制御したいという考えだ。プライバシーの保護に関しては全ての若者が緩いのではなく、それぞれが自分のポリシーを持っていると考えた方がいいだろう。

現在のスマホネイティブは、青春時代をネットと共存している初めての世代だ。「自分を知ってほしい」「でも全部は知られたくない」「友人と常につながっていたい」「でも干渉されるのはウザい」と常に揺れ動いている。はやりのサービスが登場しても、つまらないと感じたらすぐに去っていく。次に若者が何を面白いと感じるか、テクノロジーの進化と併せて、読み解く必要があるだろう。

おわりに

本書を最後までお読みいただき、ありがとうございました。

子どもにスマホを持たせている保護者の方なら「あるある！」という場面も多かったでしょうし、これから持たせる方には驚きの連続だったかと思います。

本書は私の子育て経験だけでなく、取材や調査データなどに基づき、できるだけ一般的な内容を取り上げています。子どもにスマホを持たせると犯罪や事件に巻き込まれる、または未熟さから簡単に道を踏み外すといった良くないイメージを抱く人も多いかもしれませんが、実際にはスマホやネットを平和に楽しんでいる子どもたちもたくさんいます。幼い頃から経験を重ねているだけあって、大人よりも上手にネット社会を渡り歩く子どももいます。スマホは世界とつながり、さまざまなことが学べる便利な道具なのですから、心配だからと取り上げてしまうのではなく、うまく共存できるように教えていきたいですよね。

これから5Gの時代になり、通信環境がますます進化していきます。スマホの次のデバイスに移り変わる可能性もあります。果たしてそのとき、私たちのコミュニケーションはどうなるのか、今の子どもたちがどうするのか、想像できません。でもきっと、道具が変わっても子どもたちの楽しみ方は一緒です。親は、自分が幼かった頃の気持ちを思い出し、一緒に遊んだり、時にはアドバイスしたり……。ITだからと特別なことはなく、普段の親子関係と変わらないものだと思います。

本書を手に取ってくださった皆さま、本当にありがとうございました。本書が皆さまのお役に立てればこれ以上の喜びはありません。

もしよかったら、SNSで交流させてくださいね。本書の感想など、お待ちしています。

Twitter @suzukitomoko
Instagram　@tomokoszk
Facebook　https://www.facebook.com/tomoko.su/

そして最後になりますが、本書を編集してくださった『日経パソコン』の石井さん、Ｗｅｂの連載記事を編集していただいている「日経ｘＴＥＣＨ」の白井さん、「日経ｘＴＲＥＮＤ」の酒井さん、いつも的確なアドバイスをいただき、本当に感謝しています。また、快くママの仕事に協力してくれる最愛の娘たち、ありがとう。

２０１９年9月　鈴木 朋子

本書は『日経パソコン』（2018年8月13日号～2019年10月14日号）に掲載したコラム「大人も知っておきたい　イマドキの若者IT事情」を加筆・再構成したものです。また、Column1～5については、「日経xTECH（クロステック）」（https://tech.nikkeibp.co.jp）、Column6については、「日経xTREND（クロストレンド）」（https://xtrend.nikkei.com）がそれぞれ初出となります。

鈴木 朋子（すずき ともこ）
IT ジャーナリスト／スマホ安全アドバイザー

メーカーでシステムエンジニア業務に従事した後、フリーライターに。SNS、スマートフォン、パソコン、Web サービスなど、身近な IT に関する記事を執筆している。初心者がつまずきやすいポイントをやさしく解説することに定評があり、入門書の著作は 20 冊以上。IT の知見と 2 人の娘の子育て経験を生かして、子どもの安全な IT 活用をサポートする「スマホ安全アドバイザー」として活動している。

親が知らない子どものスマホ
イマドキ中高生 驚きの SNS ＆ネット事情

2019 年 9 月 24 日　第 1 版第 1 刷発行

著　者	鈴木 朋子
発行者	村上 広樹
発　行	日経 BP
発　売	日経 BP マーケティング
	〒 105-8308　東京都港区虎ノ門 4-3-12
装　丁	小口 翔平＋岩永 香穂（tobufune）
本文デザイン・制作	岩井 康子（アーティザンカンパニー）
編　集	石井 智明
カバー写真	田中 庸介／アフロ
印刷・製本	図書印刷

本書に関するお問い合わせ、ご連絡は下記にて承ります。
https://nkbp.jp/booksQA
　ISBN978-4-296-10401-7